平凡社新書
898

内閣総理大臣の沖縄問題

塩田潮
SHIOTA USHIO

HEIBONSHA

内閣総理大臣の沖縄問題●目次

序章　沖縄県知事選大敗の安倍政権……9
返還合意から首相は一〇人／分離占領の下で／講和をめぐる論争の火つけ役
後継指名の録音／問われた安倍流政治／立ち往生の辺野古問題

第1章　アメリカ統治の継続……25
——本土から切り離された南西諸島
第二の琉球処分／「特別の融通性が含まれている」と吉田茂／アジア防衛の「要石」
対日講和条約締結／「領土を手放すことは遺憾」と芦田均／沖縄統治にこだわるアメリカ
「潜在的主権」を認めさせた岸信介／軍事作戦のセンター／「佐藤の焼身自殺」
現状凍結に疑念／恩師・吉田の勧め／佐藤栄作の報恩と野心
「戦後は終わっていない」

第2章　佐藤栄作とニクソンの暗闘……59
——返還実現の舞台裏
核付きか核抜きか／公式的には「白紙」のまま／沖縄返還に命運を託す佐藤

返還実現の裏に三種の密約／沖縄と繊維の取引／「赤谷誤訳説」の真実
大平正芳と宮沢喜一で未解決／佐藤とニクソンの背離／「金・ドル交換停止」のニクソン新政策
沖縄を直撃したニクソンショック／変動相場制移行は「経済の琉球処分」
アメリカの頭越しでドル・チェック

第3章 「基地の島」のジレンマ——復帰後の経済振興と開発……97
「沖縄問題は超党派的に」と山中貞則／初めての保守県政／大田昌秀擁立で革新県政奪還
米兵少女暴行事件の衝撃／早期決着に乗り出したアメリカ／大田知事は「代理署名拒否」
「正月の青空を見て人心一新」と村山富市／橋本龍太郎に後事を託す

第4章 橋本龍太郎の賭け——普天間返還の浮上……121
梶山官房長官起用の舞台裏／「この方となら率直にお話ができる」
沖縄問題を心に刻んで首相就任／「出さないことに」と一度は判断
クリントンから水を向けられた橋本／振り出しに戻った「安保再定義」
「普天間が返還される。漏れたら死刑だ」／飛び出したスクープ記事

普天間返還合意でボタンの掛け違え／嘉手納統合案は頓挫／海上案の打診はなかった

第5章 小渕恵三の思い入れと計算……151
——沖縄サミットという決断
「沖縄は自分の死に場所」／名護市で市民投票と市長選／駐留軍用地特措法で政争
権力闘争と背中合わせ／経済危機と参院選敗北で橋本退陣
沖縄サミットを決断した小渕／沖縄開催に反対だった野中広務／「大田電報」で決断した小渕

第6章 埋まらない政府と沖縄の溝……179
——岸本建男名護市長の特区構想
稲嶺知事の期限付き軍民共用案／「海に落としたものを拾い上げる作業」
倒れる一週間前の沖縄訪問／金融特区構想／「沖縄が日本でなくなる」
特区創設をめぐる「政治と行政の壁」／特区と普天間移設の関係は

第7章 日米関係重視の小泉路線……201
——広がる政権と沖縄の疎隔
同時多発テロで米軍再編／「日本の戦後をこれで終わらせるべき」

「県外移転」を口にした小泉純一郎／食言で終わった小泉発言／シュワブ陸上案の推進を指示
沖縄側は受け入れ拒否／シュワブ沿岸V字案で日米合意

第8章　鳩山由紀夫の「最低でも県外」発言……225
――「初期化」された普天間
衆参ねじれで連続首相交代／鳩山発言の根底に「常時駐留なき安保」
嘉手納統合案に再び着目した岡田外相／止まらない鳩山の迷走
徳之島への分散移転という腹案／問われた言葉の重み／仲井眞知事誕生の背景
安倍の力点は「日米同盟の復活」／「有史以来の沖縄振興予算」

第9章　安倍政権と翁長雄志の全面対決……259
――沖縄の民意は「安倍流ノー」
翁長は「沖縄の保守」／「一時休戦」も協議は決裂／迷走する「菅プラン」
どこまで行っても平行線／差し止め訴訟で県の訴えを却下
突然の翁長退場／「沖縄の民意を尊重せずして日本の自立はない」
日本全体で取り組む課題

終章　玉城デニーと首相官邸の綱引き…………283
——求められる総力結集態勢
避けられない泥沼の攻防戦／水面下の対話と協議はまたも不調
懸念される本土への悪感情の高まり／思い起こすべきは沖縄返還の軌跡

あとがき…………296

主な参考資料…………302

序章　沖縄県知事選大敗の安倍政権

沖縄県知事選で当選を決め、笑顔でカチャーシーを踊る玉城デニー氏。2018年９月30日（共同）

後継指名の録音

「政府として選挙結果を真摯《しんし》に受け止め、沖縄の振興と基地負担の軽減に努力する」

二〇一八（平成三十）年九月三十日に投開票が行われた沖縄県知事選挙の結果を受け、安倍晋三首相は翌十月一日、首相官邸で報道陣に語った。

率直に敗北を認め、冷静な対応に努めたが、「県政奪還」への期待は大きかった。

安倍は九月二十日、自由民主党の総裁選挙で、石破茂元幹事長との一騎討ちをダブルスコアで制し、連続三期在任を手にした。二十三日から訪米して日米首脳会談に臨んだが、滞在中も沖縄県知事選が気がかりで、東京に電話して自ら選挙情勢を確認した。

安倍政権の知事選への肩入れは尋常ではなかった。菅義偉《すがよしひで》官房長官は九月だけで三回も沖縄に足を運んだ。自民党の二階俊博幹事長もたびたび出かけた。人気の高い筆頭副幹事長の小泉進次郎（現自民党厚生労働部会長）を送り込む。連立与党の公明党も、山口那津男代表が現地入りした。だが、完敗に終わった。

選挙は翁長雄志《おながたけし》前知事（前那覇市長。元沖縄県議）が八月八日に死去したため、実施された。安倍政権は宜野湾市の米軍普天間飛行場の移設問題で「名護市辺野古《へのこ》が唯一の選択肢」という方針を堅持している。翁長は一四年十一月に現職の仲井眞弘多《なかいまひろかず》（通商産業省の工業技術院総務部技術審議官、沖縄県副知事、沖縄電力会長などを経て沖縄県知事）を破って知事となったが、在任中の三年九ヵ月、辺野古への移設に反対し、安倍政権との対決姿勢を崩さなかった。後任選出の一八年九月の知事選も、辺野古問題が最大の焦点だった。

翁長の一期目の任期満了は十二月で、健在なら、知事選は十一月実施の予定だったが、約二ヵ月、繰り上がった。自民党沖縄県支部連合会は「翁長との対戦」も視野に、対立候補の選考を進めた。早い段階で、宜野湾市長の佐喜真《さきま》淳《あつし》（元宜野湾市議、元沖縄県議）の擁立を決めた。

翁長を支えてきた勢力は自陣営を「オール沖縄」と呼んだが、一方の「オール沖縄」側の候補選びは当初、難航しそうな空気だった。保革の枠を超えて「辺野古阻止」の一点で結集してきた翁長支持勢力の内実は、保守政治家、地元経済人、沖縄社会大衆党、革新勢力の社会民主党や日本共産党などの寄り合い所帯で、辺野古問題以外では同床異夢の色合いが濃かったからだ。

ところが、翁長自身が逝去の数日前に録音した後継指名の音声が八月十八日に発見された。地元紙「沖縄タイムス」が伝える（一八年十月二日付の「『誇り』継ぎ前へ・知事選玉城氏大勝1」）。

「新里米吉《しんざとよねきち》県議会議長や調整会議の照屋大河《てるやたいが》議長らが沖縄市にある玉城氏の事務所を訪れ、

遺された音声に玉城氏の名前があることを伝えた。困惑して保留だろう――。拒否さえ想定した照屋氏らへの返事は意外なものだった。『光栄です』。正副議長の一人は『あの時点で玉城氏の意志は固まっていた』と振り返る」

県議会議長の新里は、社民党と沖縄社大党が県議会で結成する会派「社民・社大・結連合」に所属している。照屋は「社民・社大・結連合」の代表で、知事選に向けた調整会議の議長を務めた。

知事選は翁長指名の玉城デニー（当時、沖縄三区選出の衆議院議員、自由党幹事長。ラジオのパーソナリティーの後、沖縄市議）と佐喜真の対決となった。

問われた安倍流政治

国政政党は、自民党、公明党、日本維新の会、希望の党が佐喜真を推薦した。立憲民主党、国民民主党、自由党の小沢一郎代表、沖縄選出の社民党や共産党などの国会議員は玉城を支援した。

開票結果は、約三九万七〇〇〇票を獲得した玉城が、佐喜真に八万票の大差をつけて圧勝した。稲嶺恵一（元知事）が一九九八年に得票した約三七万五〇〇〇票という沖縄県知事選の最高記録を塗り替えた。

投票日に沖縄タイムス、朝日新聞、琉球朝日放送が行った出口調査によれば、無党派層の六九・八八パーセントが玉城支持だったという。この数字が示すように、各層から幅広く集票した玉城が、宜野湾市、宮古島市などを除き、ほぼ全県で佐喜真を圧倒した。沖縄は二〇二二年五月に返還五十年を迎える。「本土復帰・半世紀」の仕上げは玉城県政が担うことになった。

玉城は地元紙「琉球新報」のインタビューで選挙戦を振り返って述べている（一八年十月二日付）。

「三九万余りの票は、翁長雄志知事が県民との約束を果たそうと最後まで努力したことが、多くの県民の胸にしっかり刻まれていたということだ」

「最も大きな争点は辺野古新基地建設の是非、賛否で、私はきっぱりと反対だと言った。だが、相手候補は普天間飛行場の危険性の除去にのみ拘泥《こうでい》し、矮小化《わいしょう》して多くの県民から『それはおかしい』となったんだと思う」

翁長路線継承の玉城と「県政刷新」の佐喜真の対決となった知事選である。三年九ヵ月の翁長県政に対する評価、沖縄経済と県民生活の将来像、医療・福祉、教育、観光振興、地方自治と県政のあり方など、課題は多かった。

選挙は翁長の「弔い合戦」の一面もあったが、その影響のほか、両候補の政治リーダーとしての手腕や力量、人物評価なども、もちろん投票結果を左右した。だが、最大の争点は、言うまでもなく辺野古問題であった。

玉城は「辺野古阻止の遺志を継ぐ」と立ち位置を明確にして戦った。佐喜真側は「保革対決の知事選」の図式に持ち込む「辺野古隠し」作戦を取ったが、県政奪還による辺野古移設推進が安倍政権のねらいだったのは明白である。

安倍も菅もその点は否定しなかった。沖縄県知事選ながら、問われたのは「日米関係重視、抑止力最優先の安全保障政策、沖縄の基地負担容認」という安倍流政治であった。

安倍政権は翁長在任中から対立候補擁立を推進するなど、県政奪還に万全の態勢で臨んだ。一方の玉城は投票日の四十数日前に急浮上して、にわか仕込みの戦いだった。

なのに、大敗を喫した。国政では「一強」の安倍体制だが、取りこぼしではなく、全力投球で戦って打ち崩されたのである。安倍の痛手は大きかった。

立ち往生の辺野古問題

玉城選出の知事選の一年前、一七年十月に行われた衆議院総選挙で、安倍政権の与党の自民党と公明党の連合軍は大勝した。

安倍は自民党総裁として、野党だった一二年十二月の総選挙、政権復帰後の一三年七月の参議院選挙、自民党が二十七年ぶりに参議院で単独過半数を回復した一六年七月の参院選に続いて、国政選挙五連勝を遂げた。一九六五（昭和四十）年から七一年にかけて、総選挙二勝、参院選三勝の計五連勝を記録した佐藤栄作元首相以来、四十六年ぶりであった。「一強多弱」の政党状況は揺るがず、安倍体制は盤石《ばんじやく》と映った。ところが、二度目の政権を担って六年、ずっと立ち往生を余儀なくされているのが辺野古問題であった。

二〇一二年十二月に首相に返り咲いた安倍は、民主党政権との違いを鮮明にするねらいもあって、日米同盟強化を唱えた。

アメリカが望む集団的自衛権の行使容認について、一四年七月に憲法解釈変更を閣議決定し、一五年九月に法制整備の安全保障関連法案を成立させた。普天間移設問題でも、日米同盟強化の方針に沿って、一五年四月二十八日、東京で行われたバラク・オバマ大統領との首脳会談で「辺野古移設が唯一の解決策との政府の立場に揺るぎはない」と述べた。

安倍内閣で一四年九月の内閣改造以後、沖縄基地負担軽減担当も兼務する菅は、インタビューで「辺野古移設は現在の普天間飛行場をそのまま持っていくものではない」と答えた。併せて、普天間の三つの機能について対策を進めていると説明した。

「第一は空中給油機の運用機能です。これは安倍政権になって全部、山口県の岩国飛行場に持っていった。第二の緊急時の航空機の受け入れも、九州に持っていくと約束しています。第三のオスプレイの運用機能も、できる限り沖縄県外への訓練移転を進めます」

オスプレイ（ベル／ボーイングV‐22）はアメリカの海兵隊と空軍が運用する垂直離着陸輸送機である。菅は安倍の姿勢を強調した。

「辺野古移設がきちんとできれば、普天間は閉鎖できて、基地は減る。それが目に見えた形になる。首相は『もう理屈じゃない。目に見えなければだめだ。やることは全部やろう』と言っています」

だが、一四年十一月の沖縄県知事選で、「辺野古反対」を唱える翁長が当選した。もともとは自民党の出身だったが、政府との対決姿勢を崩さず、「辺野古ノー」で一直線に突き進んだ。「あらゆる手法を駆使して阻止する」と宣言し、安倍政権の行く手に大きく立ちはだかった。

返還合意から首相は一〇人

普天間問題の発端は今から二十三年前の一九九六年二月二十三日、アメリカ西海岸のサンタモニカで行われた橋本龍太郎首相とビル・クリントン大統領のトップ会談であった。村山富市内閣の時代の九五年九月、沖縄でアメリカ海兵隊員と海軍軍人の三人による少女暴行事件が発生し、抗議行動と基地反対運動が燃え上がった。次の首相の橋本は危機感を抱き、日米首脳会談で公式の議題として海兵隊の普天間基地の返還問題を取り上げた。アメリカは返還に同意する。首脳会談の一ヵ月半後の九六年四月十二日、橋本と駐日アメリカ大使のウォルター・モンデール（元副大統領）が合意した。

「普天間飛行場は今後五年ないし七年くらいに、これから申し上げる措置が取られた後に返還となる」

橋本は記者会見で胸を張って説明した。

「措置」とは、沖縄の米軍基地内への新たなヘリポートの建設、嘉手納飛行場の追加的施設の整備による普天間の一部機能の移転・統合、普天間に配備されている空中給油機の岩国移転、岩国にある垂直離着陸戦闘機・ハリアーのアメリカ本土移転などであった。

だが、普天間飛行場の代替施設の協議は難航を極めた。「五年ないし七年くらいに」どころか、二十二年余が過ぎた。橋本から安倍まで、首相は十人を数えた。

経過を振り返ると、紆余曲折《うよきょくせつ》を経て、まず「橋本・モンデール合意」から十年が過ぎた二〇〇六年五月一日、小泉純一郎内閣の下で、「辺野古崎とこれに近接する大浦湾及び辺野古湾を結ぶ区域にV字型の二つの滑走路を有する代替施設を設置」「工法は、原則として埋め立て。完成時期は二〇一四年を目標」という新しい日米合意が成立した。小泉内閣は五月三十日に閣議決定し、合意の着実な実施を決めた。

〇六年九月、政権が安倍に移った。十一月、沖縄県知事選で仲井眞が当選した。三年近くが過ぎた〇九年九月、政権交代が実現して民主党政権が誕生した。

首相となる民主党の鳩山由紀夫代表が二ヵ月前の七月に沖縄県沖縄市で、普天間飛行場の移設先について、「できれば海外、最低でも県外」と発言した。だが、鳩山内閣は実現のシナリオを用意できず、迷走を続けた。

結局、一〇年五月に県外移設を断念する。食言問題も大きく影響して、鳩山は六月に首相辞任に追い込まれた。

仲井眞は一〇年十一月の知事選で再選され、二期八年、在任した。普天間問題では当初、県外移設を求めていたが、辺野古容認に転じた。

一二年十二月、総選挙で民主党が大敗し、民主党政権は崩壊する。政権交代で自公連立政権が復活し、第二次安倍内閣が発足した。

辺野古移設実現にかじを切った安倍政権は、防衛省沖縄防衛局が一三年三月二十二日に辺野古沿岸部の埋め立てを沖縄県に申請する。十二月二十七日、仲井眞は埋め立てを承認した。

仲井眞との二人三脚で決着をもくろむ安倍は、一四年十一月の知事選で仲井眞三選を後押ししたが、翁長が仲井眞に約一〇万票の大差をつけて当選した。続いて十二月に実施された総選挙でも、沖縄県の四つの小選挙区で自民党候補が全敗した。

辺野古移設実現を目指す安倍政権と、絶対阻止を叫ぶ翁長知事の攻防は全面対決となった。安全保障をめぐる国際環境の変化と国益確保に力点を置き、日米同盟強化を主張する安倍政権と、沖縄県民の民意を背に過重な負担の解消と「基地の島」からの脱却を唱える翁長知事の対決は泥沼化し、視界ゼロの闇が続いた。

結局、翁長の在任中、対立は解消せず、辺野古移設工事も一進一退を繰り返した。そのまま一八年八月に翁長死去の場面を迎え、後任の知事選、翁長路線継承の玉城知事の登場という展開となった。

分離占領の下で

沖縄は一九七二年五月十五日、日本に返還された。そこまで敗戦から二十六年九ヵ月、アメリカの占領下にあり、統治権と施政権をアメリカが握り続けた。

一方、沖縄と鹿児島県の奄美《あまみ》群島、東京都の小笠原諸島を除く本土も、四五年八月からサンフランシスコ講和条約が発効する五二年四月二十八日まで、全土がアメリカを主体とする連合国軍の占領下に置かれた。事実上、統治権と施政権を握っていたのは連合国軍総司令部（ＧＨＱ）である。

戦後占領の時代、本土と沖縄は共に実質的にアメリカの支配下にあったが、占領を行う統治機構も占領の形態も異なる分離占領であった。

本土では、現行の日本国憲法が制定され（四六年十一月三日公布、四七年五月三日に施行）、象徴天皇制と議院内閣制が定められた。GHQの統治下で、憲法に基づいて国会と内閣が立法と行政を担う「間接統治方式」が採用された。

他方、沖縄で占領統治を行ったのは、東京のGHQではなく、太平洋戦争の沖縄戦で沖縄本島に上陸したアメリカ軍が四五年四月一日に設立した琉球列島アメリカ軍政府であった。琉球列島アメリカ軍政府が設置したアメリカの統治機構と、住民による統治機構の二層制が、本土復帰まで続いた。

機構は一定ではなく、上部組織であるアメリカの統治機構は、軍政府、琉球列島アメリカ民政府と移り、トップも軍政長官、民政長官、高等弁務官と変遷した。下部組織の住民による統治機構も、沖縄中央政府、沖縄民政府、群島政府などを経て、琉球政府となる。長は行政主席と呼ばれた。立法機関として住民の選挙による立法院も置かれた。

分離占領の下で、戦後初めて本土の中央政治で沖縄問題が政治課題となったのは、講和条約締結問題が浮上したときであった。

敗戦から一年七ヵ月が過ぎた四七年三月十七日、GHQのダグラス・マッカーサー最高司令官が対日講和条約の早期締結を唱える声明を発した。四八年のアメリカ大統領選挙への出馬を視野に入れるマッカーサーは占領の早期終結を目指したのだ。

四七年六月一日、首相が吉田茂から日本社会党の片山哲に交代し、連立与党の民主党の総裁だった芦田均（後に首相）が副総理格の外相として入閣した。

五日、芦田は外国人記者団にこう語ったという。

「ポツダム宣言の沖縄と千島の一部に対する適用について、日本人は多少疑問を持っている。沖縄は日本経済にとって大して重要ではないが、日本人の感情からいってこの島の返還を希望している」（朝日新聞・四七年六月七日付）

日本占領七年を東京、ワシントン、沖縄の三つの視点で追究した福永文夫（独協大学教授）著『日本占領史　１９４５－１９５２』が芦田の言動を解説している。

「芦田は沖縄・奄美などの帰属問題に一石を投じたのである。しかし、連合国はこの芦田の発言に対し冷たく批判的であった。連合国は、敗戦国の日本が将来の平和条約の内容についてコメントし、要望を述べる権利を一切持っていないと考えていたからである」

講和をめぐる論争の火つけ役

四七年七月二日、沖縄の帰属を含む領土問題が初めて国会で取り上げられた。衆議院本会議で社会党の加藤勘十《かんじゅう》（後に労相）が芦田発言を問題にした。

「次に、先般芦田外相の言として新聞紙上に伝えられ、連合国側の誤解を招くに至った琉球、千島等の領土に関する発言は、もしそれが事実とするならば、明らかにポツダム宣言第八項に反するものであると思われるのであります」と述べ、こう問いただした。

「芦田外相の言が、もし日本国民の潜在意識であるというように誤解されることがあれば、将来の日本のために、きわめて不利であると思うのであります。さいわいに芦田外相は、ただちにこれを訂正され、誤解を一掃するに努められたのでありますが、国会の議場を通して、公式にその点を明らかにされる必要があると思うのでありまするが、芦田外相はどのようにお考えでありましょうか」

芦田が答弁した。

「わが国の領土をいかに決定せられるかということは、来るべき講和会議において終局的にきまる問題であります。ポツダム宣言の第八項には、日本国の主権は、本州、北海道、九州、四国、並びに連合国の決定すべき諸小島に局限せらるべしと書いてあります。もとよりわれわれは、ポツダム宣言を忠実に履行し、一切の軍備を棄て、国内の民主化に努力してきたのであります。しかしながらわが国の北海道及び九州の近海においては、人種的にも、歴史的にも、わが本土の一体となつて、古くより日本民族の安宅として維持せられた諸島が存在しております。われ〳〵は、将来において武力をもつて領土を獲得するがごとき問題を、未だかつて夢想したことはありません。私が外国記者団に向つて言わんと欲したところは、ただいま申し述べたような点に帰するのであります」（以上、「第一国会・衆議院本会議第九号会議録」）

沖縄は日本固有の領土、と主張して返還を求めるのは、ポツダム宣言違反と認識していると芦田は認めた。その上で、講和条約の中身の検討が始まったとき、沖縄の帰属について、日本との一体という事情に格別の配慮を、と連合国に向けてアピールしたのである。講和をめぐる論争の火つけ役となった。対日講和条約（日本国との平和条約）は四年後の五一年九月に結ばれ、沖縄の帰属が確定する。

戦後、沖縄は講和条約での帰属問題に始まり、佐藤内閣が達成した本土復帰、返還実現後の基地問題、経済振興政策など、戦後政治の重要なテーマとして、時の内閣の行方と政権運営に大きな影響を与えてきた。同時に、政権をめぐる攻防戦や権力争奪の政争の場面で、沖縄問題が「政争の具」として取り扱われた例も珍しくなかった。

本書では、戦後の歴代政権の沖縄問題への取り組みを追跡・検証し、「政権と沖縄」という視点から戦後政治の知られざる軌跡を追った。

第1章 アメリカ統治の継続

——本土から切り離された南西諸島

現職首相として戦後初めての沖縄訪問で那覇空港に降り立つ佐藤栄作首相（中央）、田中角栄自民党幹事長（右後ろ）ら一行。左端は出迎えるアルバート・ワトソン米高等弁務官。1965年8月19日（時事）

第二の琉球処分

戦後の領土問題の出発点となったのは、一九四五（昭和二十）年八月十四日のポツダム宣言受諾の決定であった。第二次世界大戦末期の七月二十六日、アメリカの大統領、イギリスの首相、中国の主席の三者の名で発せられた対日降伏要求の最終宣言である。

全十三項の第八項に、日本の主権が及ぶ範囲について、「……日本國ノ主權ハ本州、北海道、九州及四國竝《ならび》ニ吾等ノ決定スル諸小島ニ局限セラルベシ」（外務省訳）という記述があった。日本は受諾を決め、降伏した。

六年後、対日講和条約が締結され、五二年四月の発効で、日本は独立を回復した。当時の吉田首相は全権団を率いて、講和のためのサンフランシスコ会議に出席し、ソビエト連邦（現ロシア）など共産圏の三国を除いて、アメリカ、イギリス、フランスなど四十八ヵ国と講和条約に調印した。

条約は全二十七条で、第二～四条（第二章　領域）に、独立後の日本の領土について、定めがあった。第二条で「朝鮮の独立の承認」「台湾などの完全放棄」などと併せて、「千《ち》島《しま》・樺太《からふと》」について、「日本国は、千島列島並びに日本国が千九百五年九月五日のポーツマス条約の結果として主権を獲得した樺太の一部及びこれに近接する諸島に対するすべての権利、権原及び請求権を放棄する」と明記した。

旧ソ連は講和条約の当事国にはならなかった。だが、条約の上では、日本が固有の領土と主張する択捉《えとろふ》島、国後《くなしり》島、歯舞《はぼまい》諸島、色丹《しこたん》島の北方四島が、この条項に明記された「千島列島」に含まれるかどうかは、明確にされなかった。

サンフランシスコ講和会議から五年後の五六年十月、吉田の次の鳩山一郎首相の下で、日ソ復交が実現した。ソ連との間で成立した国交回復に関する共同宣言は、全十項の第九項で次のようにうたっている。

「日本国及びソヴィエト社会主義共和国連邦は、両国間に正常な外交関係が回復された後、平和条約の締結に関する交渉を継続することに同意する。ソヴィエト社会主義共和国連邦は、日本国の要望にこたえかつ日本国の利益を考慮して、歯舞群島及び色丹島を日本国に引き渡すことに同意する。ただし、これらの諸島は、日本国とソヴィエト社会主義共和国連邦との間で平和条約が締結された後に現実に引き渡されるものとする」

結局、ソ連とロシアは戦後七十三年が過ぎた現在も北方四島を占領し続けている。

一方、「南西・南方諸島」については、五一年九月に締結された対日講和条約第三条「第二章　領域」に、こんな規定がある。

「日本国は、北緯二十九度以南の南西諸島（琉球諸島及び大東諸島を含む。）、孀婦岩《そうふがん》の南の南方諸島（小笠原群島、西之島及び火山列島を含む。）、並びに沖の鳥島及び南鳥島を合衆国を唯一の施政権者とする信託統治制度の下におくこととする国際連合に対する合衆国のいかなる提案にも同意する。このような提案が行われ且つ可決されるまで、合衆国は、領水を含むこれらの諸島の領域及び住民に対して、行政、立法及び司法上の権力の全部及び一部を行使する権利を有するものとする」

戦後、琉球列島アメリカ軍政府を経て琉球列島アメリカ民政府の占領下にあった沖縄は、講和条約調印で、国連の信託統治の名の下に、本土とは別に、引き続きアメリカの施政権下に置かれることになった。吉田内閣は「沖縄支配継続」を譲らないアメリカの主張をのまざるをえなかった。

沖縄は一八七二（明治五）年に明治政府によって琉球王朝の琉球国から琉球藩に、さらに七九年に廃藩置県に基づいて沖縄県となった。明治政府による「琉球処分」といわれたが、七十二年後の対日講和条約による本土との分断とアメリカ統治の容認を、「第二の琉球処分」と呼ぶ人もいた。

「特別の融通性が含まれている」と吉田茂

戦後、日本側で講和の準備がスタートしたのは、ポツダム宣言受諾の三ヵ月後、幣原喜《しではらき》重郎《じゅうろう》内閣の時代の一九四五年十一月であった。外相だった外務省出身の吉田は、省内に平和問題研究幹事会という組織を発足させた。四六年秋ころから、将来の対米交渉に備えて、外務省に英文の説明資料の作成を指示した。

最も力を入れたのが領土問題の資料だった。吉田が著書『回想十年　第三巻』に書き残している。

「沖縄、小笠原や樺太、千島、歯舞、色丹等の地域につき歴史的、地理的、民族的、経済的のあらゆる見地から、これらが如何に日本と不可分の領土であるかを詳細に陳述した。特に千島や歯舞、色丹については、これらの島が伝統的な日本固有の領土である所以《ゆえん》を詳説した。領土問題だけでも七冊の資料となったのである」

沖縄の扱いでは、最終的にアメリカ側の信託統治による施政権維持の提案に同意を与えたが、その点を定めた講和条約第三条について、吉田はこの本で回顧して述べている。

「平和条約第二条で、樺太、千島、台湾などについて、日本はすべての権利、権原、請求権を放棄することになっているに対比して、第三条に規定される南西諸島――琉球及び大東諸島を含む――並びに南方諸島――小笠原群島、西之島及び火山列島を含む――などに対するわが権利は、特にそのような制約を加えられていない。すなわち一切の領土権の放棄と異なり、条約実施後に予想されるアメリカによる信託統治の提案に予め同意を与えたのである。換言すれば、この第三条に特別の融通性が含まれていることを意味するわけで、国際情勢の如何によっては、将来本土との交通、住民の地位その他について、これら諸島の住民の希望に添うような現実的な措置が行われる余地を残すものである」

「琉球・小笠原地区に対する日本主権が依然潜在的に残される旨については、さきに私の講和会議演説でも触れたように、ダレス米国全権並びにヤンガー英国全権とも、これを認めてくれているのである。一体平和条約草案交渉においては、これら諸地域の住民はいずれも日本の国籍を認められる含みになっていたもので、少くとも実際の待遇の上で日本人として扱われたいこと、また日本との経済その他の関係は従前通り継続させてほしいことなどのわが方の希望は、最終草案決定の段階においても、アメリカ側に重ねて伝えて置いたものであるが、条約調印後の実情が必ずしもこうした要望や期待を満足させるものでないことは、私としても誠に遺憾の念を禁じ得ない。しかしもともとアメリカはこれらの地域に対して領土的野心のないことは明らかで、その管理は専ら極東防衛という戦略上の必要に基くものであるから、国際情勢の改善に連れて、日本国民及び大多数の沖縄住民の願望が漸次達成される望みが決してないことはないと確信している」

ジョン・ダレス（後に国務長官）はサンフランシスコ講和会議のアメリカ代表、ケネス・ヤンガーはイギリス代表だった。

アジア防衛の「要石」

敗戦から九ヵ月が過ぎた四六年五月、幣原内閣が総辞職し、第一次吉田内閣が発足した。だが、四七年六月、社会党・民主党・国民協同党連立の片山内閣が誕生する。外務省出身で民主党総裁の芦田が外相に就任した。

四八年二月、片山が辞任する。芦田が外相兼任で首相となった。

片山内閣時代の四七年三月十二日、アメリカのハリー・トルーマン大統領が「世界は自由主義と全体主義に分断」「自由主義を守るために援助を」という内容の「トルーマン・ドクトリン」を打ち出し、米ソ対立による東西冷戦を強調した。一方で、五日後の十七日にGHQのマッカーサー最高司令官が「早期対日講和」を表明した。

日本側の講和の準備は吉田外相時代から始まったが、後を継いだ芦田は積極的に動いた。外務省がまとめた講和に関する要望書を、七月下旬にGHQの諮問機関だった対日理事会のアメリカ代表のジョージ・アチソンやGHQ民政局長のコートニー・ホイットニー准将に手渡した。

四七年十二月から五二年四月まで外務省条約局長として講和の準備に携わった西村熊雄（後に駐フランス大使）が回顧している。

「当時としては用心深く考慮をめぐらしたうえでこれだけのことを言ったということです。すべて占領管理下におかれ外交権は停止されていた当時の日本政府、その外務省が、講和問題についてアメリカに申し立てようとするだけでも一大決断を必要とした」

要望書の内容は「手続き」に始まり、「平和条約の基礎、自発的履行、国連加盟、国内治安、裁判管轄権、領土、賠償、経済制限」の全九項で、「領土」では「ポツダム宣言に言う『諸小島』を決定されるに際しては、本土とこれら諸小島の間に存在する歴史的、人種的、経済的、文化的、その他の関係を十分に考慮してほしい」とだけ訴えた。

それとは別に、芦田は独立の保全と治安の維持を内容とする日本の安全保障に関する文書を、在日米軍第八軍の司令官だったロバート・アイケルバーガー陸軍中将に届けた（以上、保科善四郎・大和田啓気・三文字正平著『語りつぐ昭和史3』より）。

だが、GHQは要望書を即座に突き返した。芦田のメッセージはアメリカ側には届かなかった。冷戦の進行が壁となったのである。

芦田内閣は四八年十月に瓦解し、吉田が首相に返り咲いて第二次内閣を発足させた。吉田も芦田も、早期講和実現という点では、違いはなかった。

吉田は芦田の布石と折衝を引き継ぐ。表玄関からの正攻法の芦田と違って、吉田は冷戦の激化という国際情勢の変化を見て、遠望深慮による吉田流の術策を駆使した。

アメリカは冷戦によって沖縄をアジア防衛の「要石」と位置づけ、長期保有を決定した。対日政策に関する「NSC13／2（国家安全保障会議文書第十三の二）」を四九年五月に改定して、沖縄の処遇に関して、「①沖縄基地を長期保有のうえ開発していくこと、②沖縄の経済復興を図っていくこと、③北緯二九度以南の琉球諸島をアメリカが戦略的に支配するため、将来の適当な時期に国際的な承認を得る」と決めた（前掲『日本占領史　1945－1952』より）。これでアメリカによる沖縄領有が確定した。

対日講和条約締結

講和問題は、マッカーサーの「早期実現声明」にもかかわらず、東西対立でストップ状態の感があった。アメリカの消極姿勢が顕著になる。日本側では、非共産諸国との講和を優先させる「多数講和（あるいは単独講和）」と、ソ連なども含めた「全面講和」を求める二つの意見があり、対立が表面化した。

吉田は外務省にも手の内を見せず、腹心の池田勇人《はやと》蔵相（後に首相）だけに本心を明かして対米交渉を命じた。池田は五〇年四月二十五日から密使として、通訳係の大臣秘書官の宮沢喜一（後に首相）を伴ってワシントンに出かけた。

五月三日、日本政府の財政顧問だったジョセフ・ドッジ（公使兼陸軍省顧問。後にアメリカ政府行政管理予算局長官）を訪ねる。二時間にわたって、講和に関する極秘の吉田メッセージを伝達した。

二、三日して会談の要録がドッジから池田側に届いた。宮沢が著書『東京－ワシントンの密談　シリーズ戦後史の証言――占領と講和①』で明かす。

「適当に加除してくれということで、私は池田氏の指示を受けて二、三の些細な点に筆を入れた。この要録は重要文書として、現在一部私の手元に残っている。一部はダレス氏（のちの国務長官）、一部は国務省、一部は陸軍省、一部は東京のマッカーサー元帥に送られたはずである」

池田が伝えた吉田の伝言の中身を、宮沢は書き残している。

「日本政府はできるだけ早い機会に講和条約を結ぶことを希望する。そしてこのような講和条約ができても、おそらくはそれ以後の日本及びアジア地域の安全を保障するために、アメリカの軍隊を日本に駐留させる必要があるであろうが、もしアメリカ側からそのような希望を申出でにくいならば、日本政府としては、日本側からそれをオファするような持ち出し方を研究してもよろしい」

ところが、六月二十五日に朝鮮戦争が勃発した。アメリカ側の講和問題担当のダレスは、米軍の日本駐留を認める多数講和の早期実現をねらった。

アメリカの国務省は九月十一日、全二十六条の対日講和条約草案を策定する。トルーマン大統領は十四日、講和の予備交渉開始を発表した。

国務省は十一月二十四日、条約草案の基本となる「対日講和七原則」を公表した。講和条約調印後の日本の国連加盟、対日賠償要求の撤回などと並んで、領土問題では「朝鮮の独立の承認」「台湾、澎湖《ほうこ》諸島、南樺太、千島列島に関する米・英・ソ・カナダの決定の受諾」などと併せて、「アメリカを施政権者とする琉球諸島と小笠原諸島の国連信託統治への同意」を掲げた（細谷千博・石井修・有賀貞・佐々木卓也編『日米関係資料集　1945－97』参照）。

五一年一月、ダレスが来日し、対日講和七原則に基づいて、吉田と協議を始めた。吉田は自衛力整備と日米安全保障条約の締結を決意する。話し合いがまとまり、九月四日からサンフランシスコ会議に臨んだ。

八日、対日講和条約が締結される。吉田は別途、一人だけで安保条約に調印した。

「領土を手放すことは遺憾」と芦田均

十月十日、両条約の批准承認を最大のテーマとする臨時国会が召集された。十八日、衆議院の平和条約及び日米安全保障条約特別委員会で、民主党の芦田が質問に立ち、吉田に論戦を挑んだ（以下、「第十二回・衆議院平和条約及び日米安全保障条約特別委員会　第三号会議録」より）。因縁の対決の「吉田・芦田論争」が注目を集めた。

芦田は「必ずしも支持を惜しむものではありません。しかしながら平和条約はなお幾多の未解決の問題を残しておるばかりでなく」と追及し、吉田に「国民の納得するまで十二分に所信を披瀝《ひれき》されんことを希望」と迫った。

吉田が領土問題について答弁する。「アメリカとしては、決して小笠原とかあるいは琉球とかいうようなところの、領土を求めるという考えはないのでありますが」と、アメリカの領土的野心を全面否定した上で、こう答弁した。

「しかしながらもあの軍事上必要な島々が、不幸にして他国の占領するところとなつて、それが日本の安全を脅かすというような事態が生じても相ならぬし、また日本がこれを防衛するとして、その力はとうていない、すなわち真空状態をある一部に置くということは、東洋の平和からいつてみてもよくないという考えから、米国がこれを一時持つ、しかしながら主権は日本に置くということについては異存はない」

アメリカが国連の信託統治方式を選択した理由とその背景の事情について、吉田は「米国政府の結論がここに到達した内容は知りません。これは私の想像でありますが、多分そうであろうと思います」と言い添えた。

芦田は信託統治制度の下での沖縄などの島々の地位の問題や、軍事的な必要がなくなれば必ず返還されるという吉田の確信の裏づけについても問いただした。だが、吉田は「ダレスなどとの話し合いから得た結論で、文書で確定したわけではない」と答え、領土に関する質疑の締めくくりでこう述べた。

「交渉の内容は、ここにこうこうかくかくということは申すことはできませんが、しかしサンフランシスコの会議における私の演説の中にも、国民的感情に言及して、国民としてはこの領土を手放すことははなはだ遺憾に思うということを十分申したと思います」

芦田は最後に一言、告げる。

「遺憾ながら西南諸島百数十万の島民諸君は、ただいまの吉田総理大臣の御答弁だけでは納得が行かないだろうと思う」

衆参両院は批准案を可決した。翌五二年四月二十八日、対日講和条約が発効し、沖縄は日本から分離された。

沖縄統治にこだわるアメリカ

独立回復と占領終結を成し遂げた吉田は二年七ヵ月後の五四年十二月七日、通算七年二ヵ月の在任記録を残して退陣した。政権は自由党から日本民主党に移る。十日、鳩山（一郎）内閣が発足した。

鳩山政権は五五年十一月十五日、保守合同を実現させる。日本民主党と自由党が合流して自民党が発足した。

鳩山は未解決だったソ連との国交回復問題に取り組んだ。鳩山政権誕生から約二年が過ぎた五六年十一月六日、アメリカで大統領選が行われ、ドワイト・アイゼンハワーが初当選して、戦後初の共和党大統領となった。その十三日前の十月十九日、日本では、鳩山内閣が日ソ復交を実現した。

続いて二ヵ月後の十二月十八日、日本の国連加盟が決まった。鳩山はそれを見届けて政権の座を降りる。鳩山内閣は二十日に総辞職した。

その六日前の十四日、初の自民党総裁選挙が行われた。石橋湛山《たんざん》（元蔵相、元通産相）が岸信介（当時は幹事長。後に首相）を破って後継総裁となる。二十三日に石橋内閣が発足した。

戦後、十一年余の間に対日講和、日ソ復交、国連加盟が実現し、「戦後処理」が進んだが、吉田、鳩山、石橋と首相が交代しても、講和条約で本土から切り離されてアメリカ統治が継続する沖縄は、置き去りとなった。冷戦下で「要塞化」の方針を貫くアメリカは沖縄占領にこだわった。

だが、「日本の変化」に着目したアメリカ政府関係者もいた。ウォルター・ロバートソン極東担当国務次官補は五六年十二月の自民党総裁選で選出されたばかりの石橋と会談し、日米関係について話し合った。

ロバートソンはダレス国務長官あてに報告書を提出する。日本国内の駐留米軍基地への反発、日ソ復交や国連加盟などによる独立志向の高まりで、日本の「アメリカ離れ」が進むことへの懸念を伝え、対日政策の転換を提案した。

石橋は病気で倒れ、政権は二ヵ月の短命に終わった。石橋内閣の外相だった岸が五七年二月二十五日、後継首相の座を射止めた。

二週間余が過ぎた三月十四日、駐日アメリカ大使のダグラス・マッカーサー二世が岸を訪ね、訪米招請というアメリカ政府の意向を伝えた。岸は受諾する。訪米前に日米間の懸案事項の協議を、と持ちかけた。

「潜在的主権」を認めさせた岸信介

岸は吉田内閣が調印した安保条約の改定を唱えた。マッカーサー大使は事前に日本側の提案事項を文書にまとめて国務省に送った。岸政権の最大のテーマとなる安保改定が初めて浮上した。

それだけでなく、岸は併せて沖縄問題も持ち出した。五二年の独立回復後もアメリカの統治下にある琉球と小笠原について、「十年後のアメリカの権利放棄への同意」と「日本の政府機関による当座の機能行使の許可」を提案した（以上、外岡秀俊・本田優・三浦俊章著『日米同盟半世紀──安保と密約』参照）。

岸は五七年六月、訪米し、アイゼンハワーとの共同声明を発表する。その中に、以下の一文が盛り込まれた。大統領と首相の共同声明で初めて「沖縄」が取り上げられたのだ。

「総理大臣は、琉球及び小笠原諸島に対する施政権の日本への返還についての日本国民の強い希望を強調した。大統領は、日本がこれらの諸島に対する潜在的主権を有するという合衆国の立場を再確認した。しかしながら、大統領は、脅威と緊張の状態が極東に存在する限り、合衆国はその現在の状態を維持する必要を認めるであろうことを指摘した。大統領は、合衆国が、これらの諸島の住民の福祉を増進し、かつ、その経済的及び文化的向上を促進する政策を持続する旨を述べた」

アメリカは公式の文書で初めて「潜在的主権」を認めた。だが、併せて「極東の脅威と緊張」を理由に施政権の維持も明記した。

ワシントンでアイゼンハワー、ダレスと会談した岸が、共同声明での「沖縄」言及の内幕を、後に著書『岸信介回顧録　保守合同と安保改定』で回想している。

「『今沖縄は米国の施政権下にあるが、潜在主権が日本にあることは、米国も今度の共同声明の中ではっきり認めている。日本が沖縄県民の福祉向上のために予算措置を講ずることぐらいは、差しつかえないじゃないか』と言うと、ダレスは断固として反対した。『沖縄の行政権は米国が持っている。日本が沖縄について不満があるなら米国に言うべきで、直接沖縄に手出しや口出しをしては困る』と言うのである」

共に譲らず、岸とダレスの論争となる。黙って聞いていたアイゼンハワーが最後に告げた。

「『法律的にはダレス国務長官のいう通りだが、岸総理も国内での立場があることと思われるので、この問題についてはあまりカドの立たない表現がないかどうか研究してほしい』ということになり、それが共同声明の文章になったのである」

「潜在的主権」の確認は公式に行われたが、東西冷戦という国際環境が高い壁となる。岸内閣ではそれ以上の大きな進展はなかった。六〇年、安保改定を達成した岸は、反対デモの嵐の中で退陣を余儀なくされた。

軍事作戦のセンター

七月、首相が交代し、「反共・安保の岸」に代わって、「経済成長の池田」が政権に就いた。アメリカでも大統領が交代した。四ヵ月後の十一月八日、大統領選が行われ、民主党のジョン・ケネディが当選する。六一年一月、八年ぶりに民主党大統領が誕生した。

池田は六月に訪米し、ケネディと会談した。吉田内閣時代に池田蔵相の訪米に秘書官として付き添った英語堪能の宮沢が今度も同行し、池田・ケネディ会談で通訳を担当した。御厨《みくりや》貴・中村隆英編『聞き書　宮澤喜一回顧録』で追想している。

「その時の話題は、核実験の禁止だとか、ベルリン問題だとか、中国と韓国、沖縄問題、途上国援助などという一般的な問題です」

「池田・ケネディ会談は二日間で、普通は外務大臣、事務当局みんな一緒に入れたようないわゆる首脳会談ですが、二日目の会談を池田・ケネディで別にやろうということになりました。ちょうどポトマック川に大統領専用の大きなヨット、『ハネー・フィッツ』というのがあって、その中でやろうというんですね」

二日目のヨット会談は、日本側は池田首相と通訳の宮沢だけで、外務省関係者は同席しなかった。三時間に及んだが、メモを取らなかったから、日本側には会談記録は残っていないはず、と宮沢は言う。『聞き書　宮澤喜一回顧録』で舞台裏を明かしている。

「いちばん中心になった問題は、沖縄の問題でした。前の晩に私どもは、ブレアハウスに泊まっていたわけですが、池田さんと、『明日どういう話をしますかねぇ』『やはり沖縄の話になるな』と話していました。しかしその時は、沖縄をいまどうすると決めてからの話でもないものですから、いろいろ話していて池田さんが、『まあいいや、おれのほうが年上だからなんとかするよ』なんて言っていました（笑い）」

ケネディは沖縄問題を話題にした。宮沢が前掲書で続けて語る。

「ケネディが沖縄の話をするのに、『その問題があるのは自分はわかっているんだが、とにかくフィリピンの基地はいつ問題が起こるかわからん』と言う。現実にあとで起こったわけですね。『クラークフィールドや何かフィリピンの基地が十分にはあてにならないとすると、沖縄がなければ、ハワイまで後退するしかないだろう。それはアメリカとしてはとても問題なので、なんとかして沖縄の基地だけは置いておきたい』と言う。池田さんは、それはやむを得ないと思っているが、沖縄の県民生活がいちばん大事なところで、これは象徴的な話ですが、日の丸の旗も揚げられないということは、どうもつまらんことじゃないですか。ふだんからとは言わないにしても、特別の日には県民が日の丸の旗を揚げられるということにしてはどうだろうかという話をして、『それじゃあ、お正月だの祭日だの、そういう日には日の丸を揚げられるようにしたらどうですか』と池田さんがしきりに言うわけで、ケネディも『そうですかね』というような話でした」

池田はケネディに沖縄での祝祭日の日章旗掲揚を要求した。

戦後の日米同盟の軌跡を丹念に追跡・検証した前掲の『日米同盟半世紀――安保と密約』が、後に公開されたアメリカの外交文書を基に、池田・ケネディ会談のやり取りを再現している。

「池田　私は施政権返還を求めたり、米国の施政に干渉する意図はまったくない。しかし、米施政権の継続という枠組みにおいて、人々の経済ニーズにこたえ、少なくとも日本の貧しい県の人々と同じ処遇を与えることが重要だと感じている。沖縄市民の税負担は、貧しい県民の負担よりずっと重い。鳥取では財政の九割が中央からの交付税交付金で、地方税収入は一割である。対照的に沖縄では予算支出の八、九割が税でまかなわれ、残りが米国の援助である。この状況が琉球に、日本復帰への圧力を生んでいる。復帰論者の願望を減らす最善の道は、日本の県ならば与えられるのと同等の処遇をすることだ」

「ケネディ　琉球における米国の唯一の関心事は、東南アジアと朝鮮半島における安全保障上の地位を支えることにある。たとえば沖縄は、ラオスであり得る軍事作戦行動の主要な中継基地だ。それは極東でカギになる軍事基地であり、日米はこの基地を、東南アジアと朝鮮半島の両方であり得る軍事作戦の強力なセンターとして維持することに、共通の利害をもっている。もし米国が軍事基地としての沖縄を放棄するよう強いられれば、米国は恐らくずっと後ろのハワイにまで配備を下げねばならなくなるだろう。（以下略）」

「佐藤の焼身自殺」

池田は戦後、「富国軽軍備」路線を選択した吉田の直系で、佐藤と並ぶ「吉田学校の優等生」であった。経済重視の池田は、東西冷戦下で「アメリカの傘」の下での日本の成長と繁栄の実現というシナリオを描き、実現に向かって邁進《まいしん》した。

アメリカが戦略的価値を重視して「極東の要石」「基地の島」と位置づける沖縄について、池田は返還を要求するのは現実的ではないと判断した。返還問題への挑戦は時期尚早と見て、日米協力路線で本土と沖縄の一体化を促進する道を目指したのである。

池田は首相就任の四ヵ月後の六〇年十一月に行われた総選挙で自民党大勝を実現し、政権を軌道に乗せた。六二年七月、自民党総裁に無競争で再選された。

六三年十月、首相として二度目の衆議院解散を行う。十一月の総選挙も六〇年に続いて勝利を手にした。

六四年七月、総裁二期目の任期切れとなる。三選を目指して総裁選に出馬した。だが、無投票とはならなかった。国務相だった佐藤と自民党政務調査会長だった藤山愛一郎（元外相）が辞表を提出して総裁選に名乗りを上げた。

中でも佐藤の挑戦は自民党政権を揺るがせた。「吉田学校の兄弟分」の対決と話題を呼んだ。各派が池田、佐藤の両陣営に分かれて結集する。党を二分する大決戦となった。

池田と佐藤の対決は、政策と路線の争いも焦点となった。池田は総裁選への立候補声明で、経済成長の実績を強調する一方、高度成長のひずみの是正、人づくり、自民党の近代化、近隣諸国外交などを掲げた。

対して、佐藤は『明日へのたたかい』と題する文書を発表した。経済成長や生産第一主義の経済開発への傾斜を抑えて、バランスの取れた社会開発が必要と強調し、福祉国家実現のための「社会開発計画」を打ち出した。

ところが、社会開発だけでなく、総裁選出馬に際して行った政権構想発表の記者会見で、佐藤は自ら挑戦する政治課題として、いきなり沖縄返還を持ち出したのだ。七月四日付の「朝日新聞」が報じている。

「ソ連には南千島の返還を、アメリカには沖縄の返還を積極的に要求する。領土問題が片づかないと『戦後は終った』とか、日米パートナーシップの確立とか、ソ連との平和外交の推進とかはいえない。池田内閣が沖縄の返還を正式にアメリカに要求したのを聞いたことがないが、私がもし政権をとれば、いずれアメリカに出かけてジョンソン大統領に対し正面からこの問題を持出すつもりだ」

アメリカの大統領は六三年十一月のケネディ暗殺で、副大統領から昇格したリンドン・

ジョンソンに代わっている。元サンケイ新聞論説副委員長で「佐藤政治」観察の第一人者といわれた千田恒が著書『佐藤内閣回想』で舞台裏の事情を明かす。

「佐藤派担当記者としてこの時の総裁選挙を佐藤に密着して取材した記者の一人だった私の友人は、『沖縄返還は、発表された佐藤の政権構想の印刷物には項目として入っていなかった。佐藤の方から唐突に記者会見でいい出した。正直いって、聞いた時は佐藤が本気でそう考えているのかマユツバだと思った』と私に語っている」

佐藤は鉄道省（旧運輸省、現在の国土交通省とJRの前身）の官僚出身であった。敷かれた線路の上を時刻どおりに走る列車のような生き方の人といわれた。

一方で、「待ちの政治家」と呼ばれた。自ら方針や目標を示さず、「白紙」と言い続け、状況の変化や流れの行方、世論の動向を見守る。機が熟すのを待って判断するという熟柿路線であった。

だが、沖縄問題では「待ちの佐藤」が、熟柿路線とは正反対の対応を示した。機も熟さず、誰も口にしない青い柿の実を進んで手にするという別の顔を見せた。用心深さと深謀遠慮では政界一と評された人物である。可能性も展望もない課題に無計画で取り組むはずがないのに、沖縄問題に限って、自ら公約に掲げ、挑戦姿勢を鮮明にしたのだ。

六四年七月の総裁選は、池田の辛勝となる。三選を果たしたが、池田は四ヵ月後にがんに襲われ、政権の座を降りた。

佐藤が後継の座を手にする。だが、沖縄返還の方針は取り下げない。不首尾に終われば、政権崩壊を招くおそれもあった。この時代、焼身自殺の横行が社会問題化していたが、無謀と映る失敗覚悟の沖縄返還への挑戦姿勢は「佐藤の焼身自殺」といわれた。

佐藤は就任後、連続七年八ヵ月の戦後トップかつ最長不倒の首相在任記録を築く。沖縄返還を唱えて出馬した初の総裁選から七年が過ぎた七一年六月、現職首相として沖縄返還を実現した。

現状凍結に疑念

佐藤は岸元首相の実弟で、安倍首相の大叔父に当たる。兄の岸と同じく東京帝国大学法学部を卒業し、鉄道省に入った。戦後、運輸省の鉄道総局長官、次官と昇り詰める。四八年十月、四十七歳で吉田首相に抜擢され、非議員ながら官房長官に就任して政界入りを果たした。

四九年一月の総選挙で衆議院議員に初当選する。自由党の幹事長、建設相、自民党の総務会長、蔵相、通産相などを歴任した。

六四年七月の総裁選で、いきなり沖縄返還を持ち出して「政権獲得後に対米交渉開始」

と唱え、政権到達後、最大の達成目標と内外に宣言して、実際に在任中に実現にこぎ着けた。佐藤内閣は「沖縄に始まり、沖縄で終わった」といわれた。

とはいえ、沖縄返還を唱えた六四年の総裁選の時点では、「展望はゼロ」だった。冷戦の時代で、いくら日本が望んでも、アメリカが施政権を手放す可能性は乏しかった。それが内外の常識的な見方であった。

沖縄の本土復帰は「国民的な悲願」といわれ、日本中の人々が強く願っていたのは間違いない。だが、定時運行の列車のような「待ちの佐藤」が、沖縄返還問題に限って、なぜ「焼身自殺」といわれるような政治的選択を決断したのか。半世紀が過ぎた今も明確になっていない戦後政治史の謎である。

沖縄返還を提唱するまでの人生で、たとえば沖縄という土地や沖縄の人たちとの特別なつながり、交流など、沖縄に強い思い入れを抱くような体験があったのかどうか。佐藤の長男の佐藤龍太郎（現エム・ピー・ソリューション顧問）が記憶をたどる。

「父は、戦争中に沖縄防衛担当の陸軍の参謀長だった長《ちよう》勇《いさむ》さんを知っていました。それから戦前の最後の沖縄県知事だった島田叡《あきら》さんとつきあいがあり、名前はよく耳にしました。この二人を含め、自分の仲間が沖縄戦で亡くなったということはありましたが、沖縄や沖縄の人とは特に関係はないです」

長は陸軍士官学校卒の職業軍人で陸軍中将、島田は東大法学部の一年後輩である。

佐藤栄作は首相就任の二年前、無役時代の六二年九月半ばから約一ヵ月半、寛子夫人や龍太郎、次男の佐藤信二（後に運輸相）、側近の橋本登美三郎《とみさぶろう》（後に官房長官）、松野頼三《らいぞう》（後に自民党政調会長）、木村武雄（後に建設相）らを伴って欧米歴訪の旅に出た。イギリスで労働党党首のハロルド・ウィルソン（後に首相）、アメリカではケネディ大統領らと会見した。

十月四日、フランスのシャルル・ドゴール大統領と会談した。佐藤はパリ訪問の前に、ベルリンで東西分裂の厳しい実態を目にした。この時代、戦後の国際情勢によって生まれた世界秩序を前提に、戦争や戦後占領による領土の分割を容認し、現状の凍結によって平和を維持するという考え方も有力だったが、佐藤は現状凍結論に疑念を持った。それをドゴールにぶつけてみた。千田が前掲の『佐藤内閣回想』で「ドゴールの教訓」と題して書いている。

「ドゴールは、これに対して、ヨーロッパでは明らかに現状凍結といえる意見が出たが、つぶれている。不可侵条約、不戦条約の提案がそれであるとして、『アジアではそういう話は聞かないようだ』と答えた」

佐藤は東西対立の険しい現実を感じ取ると同時に、「現状凍結論はヨーロッパではつぶれている」というドゴールの言葉が強く耳に残った。千田が解説する。

「佐藤にとって、沖縄返還交渉の開始は、十二分に醱酵した。みずからの国際状況判断とも一致するテーマだったとみてよい。だからこそ佐藤は、周囲が半信半疑でいる中で、迷うことなくこの問題に踏み切ったのであろう」

といっても、佐藤は最初から政権獲得後の最重要テーマとして沖縄問題に照準を合わせていたわけではなかった。

恩師・吉田の勧め

「私の感触では、父はそれよりも中国問題を解決したかった。それには周恩来首相と会って話をつけなければだめだという考えを持っていて、池田内閣時代に周恩来と関係のあった人たちと接触していろいろと手を打っていました」

佐藤龍太郎が思い出を語った。佐藤栄作は政権獲得前、沖縄返還ではなく、当時はまだ国交がなかった大陸・中国との関係打開や復交に取り組みたいと考えていたようだ。

後に佐藤内閣で首相秘書官を務める楠田實（元サンケイ新聞政治部次長）が、著書『首席秘書官　佐藤総理との10年間』で、池田対佐藤の自民党総裁選から約三ヵ月が過ぎたころのこんな体験を明かしている。当時の楠田の住まいは都内の世田谷区池尻の1DKの都営住宅だった。

「早朝私のアパートに北京から国際電話がかかってきた。丁度総裁公選のゴタゴタが一段落し、東京オリンピックの開会を目前にした三十九年（昭和＝筆者註。一九六四年）の十月ごろだった。電話の相手は、佐藤派の久野忠治代議士で、その内容は、『周恩来首相が廖承志氏を通じて、もし佐藤氏が望むならば、第三国で佐藤氏と会談してもよいと言っている。周首相は近く東南アジア諸国を歴訪する予定なので、もし日程を合わせてもらえるなら、ビルマのラングーンのホテルで、たまたま出会ったという形でお目にかかりたいということだから、君から佐藤さんの意向を打診してくれないか』というものだった。久野さんは佐藤派内部でもとくに日中問題に熱心な人だった」

久野は日中、日朝の友好促進に情熱を注いだ自民党の政治家で、衆議院議員として当選十四回を記録し、田中角栄内閣で郵政相を務めた。廖承志は中国で中日友好協会の会長を長く務め、知日派の政治家として知られた。ビルマは現在のミャンマー、ラングーンは首都のヤンゴンである。

楠田はその日、佐藤の私邸を訪ね、電話の内容を伝えた。

「ところが佐藤さんは、『その話はまえからおれも多少聞いている。しかしちょっと待ってくれ、今は国内情勢がひじょうに微妙になっている。この話は無かったことにして、しばらく君の胸におさめておいてくれたまえ』という」

「国内情勢」は、入院で池田退陣が取りざたされ始めた政情を指している。だが、希望していたはずの周恩来との接触の機会が舞い込んだのに、あえて断ったのは、もう一つ別の理由があった。ここまで政治リーダーとして育ててくれた恩人で、「政治の師」でもある吉田が、日中問題への取り組みに異を唱えていたのだ。

佐藤龍太郎が打ち明ける。

「父は吉田さんからかなり言われたんです。『日本が世話になったのは蔣介石だぞ。戦争で負けた相手も蔣介石で、それにもかかわらず、日本の兵隊を黙って返してくれた』と。日中貿易には厳しい規制がありましたが、吉田さんは『それを厳格に適用しろ』と苦言を呈したと思いますよ」

蔣介石は中華民国の元最高指導者で、戦後は中国共産党との戦いに敗れて台湾に移り、死去まで総統の座にあった政治家だ。

吉田は佐藤栄作に「中国より沖縄」と説いた。佐藤龍太郎が続ける。

「沖縄返還は、吉田さんの提唱ですよ。『もう一つ大事なことがある。それは沖縄だ。池田はどうも熱心ではない。領土問題は繰り返し折衝を続けることで解決に向かう』と言いました。それです」

佐藤栄作の報恩と野心

先述のとおり、吉田は佐藤栄作が首相となる十三年前の五一年九月、訪米して対日講和条約に調印し、占領終結後もアメリカが国連の信託統治制度の下で沖縄統治を続けることにやむなく同意した。吉田以後、政権は鳩山、石橋、岸、池田と移る。だが、冷戦の激化とアメリカの沖縄支配の強い意志が壁となり、返還は糸口も見つからない状態が続いた。

復興と占領終結を成し遂げ、経済大国への道を切り開いて「戦後最大の宰相」と呼ばれた吉田にとって、未達成の沖縄返還は、ただ一つの心残りのテーマだったに違いない。その解決を愛弟子の佐藤に託そうとしたのだ。

佐藤の吉田に対する尊敬と報恩の念は特別であった。

「父は律義者でしたから、吉田さんが言うことは一〇〇パーセント、ハハァと言って聞いていました。『首相は首相公邸に住むように』というのも吉田さんの指示でした」

佐藤龍太郎が振り返った。

六七年十月二十日、吉田が八十九歳で死去した。そのとき、首相の佐藤は外遊中だった。「帰国まで大丈夫」と聞き、出発したが、訃報が滞在先のフィリピンに届いた。佐藤夫人の寛子が著書『佐藤寛子の「宰相夫人秘録」』にその場面を書き記している。

「主人は一瞬、ぼう然と立ちすくんでいましたが、『やっぱり間に合わなかったか……』と、ひとことつぶやいて、あとは涙ばかりでした」

沖縄問題は師匠の吉田が積み残した課題で、兄の岸も挑もうとして越えられなかった。ライバルの池田も手をつけなかったテーマであった。

自身の手で実現すれば、吉田の対日講和や鳩山の日ソ国交回復、岸の安保改定、池田の所得倍増と並ぶ戦後政治の大きな業績として歴史に刻まれる。佐藤がそんな野心を抱いたとしても不思議はなかった。

佐藤は吉田の助言と指南に従って「中国より沖縄」を選択した。東京オリンピックが閉幕となってまもない六四年十一月、首相の座にたどり着く。内閣発足の際に発表した首相談話では、沖縄問題には触れなかったが、二ヵ月後の六五年一月初め、訪米してジョンソン大統領と会談を行った際、早速、早期返還を要望した。

十三日、日米共同声明が発表になる。こんな一項が書き込まれた。

「総理大臣は、これらの諸島の施政権ができるだけ早い機会に日本へ返還されるようにと願望を表明し、（中略）大統領は、施政権返還に対する日本の政府および国民の願望に対して理解を示し、極東における自由世界の安全保障上の利益が、この願望の実現を許す日を待望していると述べた」

「戦後は終わっていない」

　佐藤は、続いて八月十九日、沖縄に足を運んだ。現職首相の沖縄訪問は戦前と戦後を通じて初めてであった。那覇空港で歴史に残るステートメントを読み上げた。

「沖縄同胞のみなさん

　私は、ただ今、那覇飛行場に到着いたしました。かねてより熱望しておりました沖縄訪問がここに実現し、漸くみなさんと親しくお目にかかることができました。感慨まことに胸せまる思いであります。沖縄が本土から分れて二十年、私たち国民は沖縄九十万のみなさんのことを片時たりとも忘れたことはありません。本土一億国民は、みなさんの長い間の御労苦に対し、深い尊敬と感謝の念をささげるものであります。私は沖縄の祖国復帰が実現しない限り、わが国にとって『戦後』が終つていないことをよく承知しております。これはまた日本国民のすべての気持ちでもあります。（以下略）」（内閣総理大臣官房編『佐藤内閣総理大臣演説集』）

　首相秘書官だった楠田が前掲書『首席秘書官』で、「戦後が終わっていない」の佐藤発言の出所について書き残している。

「このフレーズは、佐藤さんの沖縄訪問の直前、ホテルニューオータニで橋本官房長官を中心に、私どもがブレーン会議をやって演説の検討をしたさい、総理府の南方問題連絡事務所から出されたペーパーにあったものを採用した」

第一次佐藤内閣の官房長官だった橋本は建設相、運輸相、自民党の総務会長、幹事長などを歴任した。

政権担当一年目、佐藤は沖縄問題に前向きの構えを見せた。ところが、その後、口を閉ざすようになる。沖縄問題で確たる見通しもないのに、佐藤の前のめりは寝た子を起こしただけで、政権運営にとって大きな失点では、という声も流れ始めた。

だが、佐藤が積極姿勢を示したこともあって、沖縄訪問後、国会を中心に、返還をめぐる議論が高まった。野党やマスコミは全面返還論を主張し始めた。

一方、現地の琉球政府の松岡政保主席が、基地以外の分離返還を提唱した。日本政府は松岡の提案を受けて一時、分離返還論に傾斜した。総理府（現内閣府）総務長官の森清が教育権の分離返還構想を打ち出した。

アメリカ側の反対は強かった。「待ち」の佐藤は慎重に情勢を見極める。沖縄訪問から一年五ヵ月が過ぎた六七年一月に再び行動を起こした。

「教育権の分離返還は認めない。施政権の一括返還が望ましい」

滋賀県大津市での記者会見で言明する。「全面返還」にかじを切った。

十一月七日、野党各党との個別会談で「次の日米交渉で施政権返還を議題にする」と表明した。さらに「七〇年をめどに返還を主張する」という方針も明らかにした。

一週間後、佐藤は再び訪米し、ジョンソンと首脳会談を行った。

「両三年内（within a few years）に双方の満足しうる返還時期について合意することを目途とする」

会談の席でこう書かれた英文のメモをジョンソンに手渡した。

当時は未返還だった東京都の小笠原群島の一年以内の返還と併せて、メモにあった「両三年の合意を目途に」という文言が日米共同声明に盛り込まれた。

半年後の六八年五月に日米協議がスタートする。吉田の対日講和条約調印から約十七年を経て、閉ざされたままだった重い扉が開き始めた。

第2章 佐藤栄作とニクソンの暗闘

——返還実現の舞台裏

ホワイトハウスで会談する佐藤栄作首相（左）とリチャード・ニクソン米大統領。1969年11月（共同）

核付きか核抜きか

一九六七（昭和四十二）年十一月の佐藤・ジョンソン会談の結果、日米共同声明に沖縄返還について「両三年内の合意を目途に」という表現が盛り込まれ、翌六八年五月から日米協議がスタートした。

日本国内でも沖縄問題の議論が活発になる。最大の争点は施政権返還の条件で、沖縄の米軍基地に配備されている核兵器の本土復帰後の扱いについて、核付きか核抜きかが問題となった。

一方で、佐藤は日米共同声明の一ヵ月後、核政策について独自の「非核三原則」を打ち出した。返還される小笠原群島での核保有の可能性について、六七年十二月十一日、衆議院予算委員会で、社会党の成田知巳（後に書記長、委員長）が質問した。

「本土としては、私どもは核の三原則、核を製造せず、核を持たない、持ち込みを許さない、これははっきり言っている。その本土並みになるということなんです。（中略）この三原則を忠実に守るということでございます」（以上、「第五十七国会・衆議院予算委員会第二号会議録」より）

佐藤は答弁で非核三原則を初めて言明したのだ。

非核三原則の存在を前提に、沖縄が返還された場合、沖縄にも適用されて「核抜き・本土並み」となるのか、沖縄の米軍基地は三原則の例外とする「核付き返還」か、それとも沖縄返還を機に、三原則の見直しや放棄に踏み切り、日本全体の「核付き」を容認するのかという問題をめぐって、議論が沸き起こった。

野党や左派勢力には、非核三原則は一時の方便で、佐藤は本心では沖縄の核保有の容認による三原則の廃棄と日本の核武装を企図している、と疑う人もいた。社会党、公明党、共産党の三党は、三原則の国会決議案を提出した。政府を縛るのがねらいだった。

だが、佐藤は応じない。六八年三月二日、衆議院予算委員会で共産党の松本善明（後に国会対策委員長）の質問に答える。

「いま直ちに日本に核を持ち込ます、こういうことを考えてもおりません。また、安全保障条約があるから日本に直ちに核兵器を持ち込む、こういうものでもございません。しかし、ただいまのような約束をすることは、おそらく安全保障条約の中身について拘束を加えることじゃないか、かように私は思いますので、そういうことをただいまからすることは行き過ぎじゃないか、かように思っております」（浅野一郎・杉原泰雄監修『憲法答弁集［1947～1999］』）

佐藤は石橋をたたいて渡るタイプである。返還への挑戦は表明したが、非核三原則の国会決議だけでなく、沖縄問題でも慎重姿勢を崩さなかった。

六八年十一月八日、三木武夫外相（後に首相）の辞任で臨時外相代理を一時兼任した。佐藤は外務省内で記者会見し、沖縄返還に取り組む基本的な考え方を述べた。

「返還後の沖縄の米軍基地の態様については依然、白紙であり、星雲状態だ」

「早期返還を望むのであれば、本土並みは難しいかもしれない」

「早期返還ということになれば、現状肯定も構想の一つには存在している」（以上、楠田實編著『佐藤政権・2797日〈上〉』参照）

公式的には「白紙」のまま

返還条件の「核付きか核抜きか」について、野党側から執拗に問い詰められたが、佐藤は「相手のある話」と切り返し、「白紙」と言い続けた。日米交渉が山場を迎える六八年十一月に、沖縄返還の行方を左右する三つの選挙が控えていたから、その結果を見極めようとしたのである。

第一は自民党総裁選だ。返還実現には佐藤自身の「両三年」の続投が不可欠で、出馬表明した前尾繁三郎（後に衆議院議長）、三木を制して三選を果たさなければならない。

第二は初の公選制選挙として注目された琉球政府の行政主席選挙である。自民党候補と

「即時・無条件・全面返還」を唱える革新統一候補の対決となった。

第三はアメリカ大統領選挙だ。民主党のヒューバート・ハンフリー副大統領と共和党のリチャード・ニクソン元副大統領の争いだったが、佐藤はニクソンの勝利に期待した。選挙前の六八年二月二十八日、ニクソンがニューハンプシャー州で「沖縄は返す」と明言していたからだ。

ニクソンはこう語ったという。

「長期的には米国の政策は、沖縄を日本へ返還するということであるべきだと思う。私は日本の参加なくしてアジアにおける真の集団的安全保障はあり得ないということを、我々が認識することが極めて重要であると思う。日本およびアジアの利益および強大な自由国家たる日本の利益は、強力な自由国家たる米国の太平洋における利益である。それ故ひとたび日本が指導者の役割を果すことを引き受けるならば、沖縄は必ず返還し得ると思う」

（前掲『佐藤政権・２７９７日〈上〉』より）

十一月六日にニクソンが当選した。四日後、沖縄で革新統一候補の屋良《やら》朝苗《ちょうびょう》（後に沖縄県知事）が自民党候補を下す。二十七日、佐藤は総裁三選を果たした。

ニクソンの登場は、沖縄返還問題ではうれしいニュースだったが、懸念材料もあった。

一方で、ニクソンはアメリカ南部を中心とする繊維業界の支持をねらって、繊維輸出国との間で輸入制限協定を結ぶことを大統領選の公約に掲げた。アメリカ国内の繊維産業を保護するために、日本などに繊維製品の輸出規制を求める可能性が高かった。

この問題は、後に沖縄返還とからみ合って政治問題化し、佐藤政権を直撃した。だが、佐藤はニクソン大統領就任時、そこまでは見通せず、返還実現に邁進した。

大統領就任式を控えた六九年一月六日、駐米大使の下田武三（後に最高裁判所判事）に帰国を命じる。愛知揆一外相（元官房長官、法相、文相。後に蔵相）、保利茂官房長官（後に衆議院議長）、木村俊夫官房副長官（後に外相）を交えて返還交渉の進め方を協議した。保利が自著『戦後政治の覚書』で回顧している。

「下田大使によると『米国務省の意見はなかなか強い。難しい』と言う。ちょうど岸さんが前後して訪米されたが、岸さんは『核を存置するか、基地の自由発進を認めるか、いずれか一つは譲らなければ難しいのではないか』と発言したという新聞報道があった」

「下田大使の報告も同じで『これでは返還交渉はまとまらんのではないか』ということである。これに対して首相は『まとまらんでもまとまっても〝核抜き本土並み〟でいかなければダメだ』と強く主張、下田大使も首相の〝洗脳〟を受けたわけだ。この時の下田さんは立派だった。帰朝報告は、国務省の非常に厳しい考え方を伝えた。しかし佐藤首相から『核抜き本土並みでなければ交渉はまとめない』と強い指示があり『成否は別にして最善を尽くします』ということで米国へ帰った」

だが、佐藤の指示は政府内の担当者向けで、公式的にはその後も「白紙」のままだった。正式交渉はこれからという段階である。国会でも繰り返し質問を浴びたが、「相手のある話」と逃げ続けた。

沖縄返還に命運を託す佐藤

佐藤は三月十日の参議院予算委員会で、ついに「白紙」に終止符を打った。

「沖縄が返還されたとき、沖縄の基地を本土と別扱いにすることは、なかなか事実問題として難しいことではなかろうかと思います」と述べた後、返還後の沖縄の米軍基地について発言した。

「その機能をそのまま今後持続するということになれば、たいへんな変化でございます。それが条約改定なしにそういうものがあろうとは思いません。また、逆な言い方をすれば、沖縄が本土に返ってくれれば、当然日本の憲法も、また安全保障条約もその地域にそのまま適用になる。これが普通の考えでありますから、別な取りきめがあればその改正をしなければならぬ。これはもう理論的に当然の帰結でございます」（「第六十一国会・参議院予算委員会第九号会議録」より）

保利がその日、補足説明を行った。自著で回想している。

「その昼か午後の内閣記者団との会見で『結局はどういうことなのか』とつっこまれた。そこで『首相はハッキリとは言わんが、結局言わんとするところ、考えているところは、沖縄返還のあり方は本土並みだ。核は存置しない。また存置させない。沖縄返還基地は本土並みにしか使えない。すなわち核抜き本土並みということだ』と答えた。これが公式発言の最初になっている」(『戦後政治の覚書』)

「白紙」と言い続けてきた佐藤が初めて方針を明確にした。

佐藤は「核抜き本土並み」を打ち出したが、アメリカ側が応諾するのかどうか、実際は確信を持てる段階に至っていなかった。アメリカは大統領交代から日が浅く、国務、国防両省とも返還交渉の準備に着手したばかりだった。

両省が返還に伴う政策の選択肢を列挙した報告書を、ヘンリー・キッシンジャー大統領補佐官(後に国務長官)が主宰する国家安全保障会議に提出したのは四月の中旬、返還後の基地についてアメリカ政府の方針が決まったのは下旬以降である。佐藤はアメリカの決定を見ずに見切り発車したのだ。

首席秘書官だった楠田が前掲の『首席秘書官』で佐藤の「遠望深慮」を解説している。「解散を意識した発言という評も、あるいは的ハズレではなかったかもしれない。いずれにしても政治のカンを大事にする佐藤さんとしては、世論の動向からみて、いずれそこまで追い込まれることは必至とみて〝先手〟をとったということかもしれない」

前回の六七年一月の総選挙から二年余が過ぎ、政界に解散風が舞い始めた。佐藤は六九年中に沖縄返還を正式決定に持ち込み、その勢いで総選挙に、というシナリオを描いた。

返還後の基地のあり方について、佐藤の「核抜き本土並み」の決断の先導役を果たしたのは、基地問題研究会という有識者の会だった。佐藤は首相の諮問機関として沖縄問題等懇談会を設置し、助言を得ていたが、基地問題研究会はその中に設けられた専門家の小委員会で、「七二年までの返還・安保条約の全面適用」などを唱える報告書を提出した。

メンバーだった東京大学教授の衛藤瀋吉《えとうしんきち》が著書『日本宰相列伝22　佐藤栄作』で「佐藤独走」の事情について書いている。

「当時、日本の国内世論のなかで佐藤内閣の評判は必ずしもよくなかった。対米追随の声は高く、野党のみならず、一般知識人からもそう受けとられていた。巨大マスコミの評判も決してよくなかった。したがって、もし核抜き本土並みよりも一歩でも半歩でも退いてアメリカ側に譲歩でも示そうものなら、火のついたような佐藤内閣非難が燃えさかるであろうことは容易に予想できた。沖縄公式訪問、そしてそれ以後の国内世論の調整を経て、日本国内の沖縄返還への声の高まりは、かえって栄作をして、対米交渉で強い態度をとらざるをえないところまで追い詰めていたのである」

佐藤政権に対する「無策」批判は強く、逆風は想像以上だった。佐藤は沖縄返還に命運を託すしかないという綱渡りの政局運営を余儀なくされていたのだ。

返還実現の裏に三種の密約

本格的な返還交渉がやっとスタートした。六九年六月、愛知外相とウィリアム・ロジャーズ国務長官との協議で「七二年返還」が内定する。お膳立てが整った。

佐藤は六九年十一月十七日に訪米し、三日間にわたってニクソンと首脳会談を行った。二十一日に共同声明が発表された。佐藤は記者会見で胸を張って「成果」を披露した。

「ニクソン大統領との会談を通じて、沖縄が一九七二年中にわが国に返還されることに基本的な合意をみたことをまず国民の皆様に御報告いたします。沖縄の祖国復帰は、サンフランシスコ平和条約会議以来のわが国政府、国民あげての努力が結実したものであり、感慨無量であります」

「一九七二年中に沖縄が、核兵器の全く存在しない形でわが国に返還され、返還後の沖縄には、日米安保条約及びその関連取り決めが、そのまま本土における全く同様に適用され、事前協議についても、なんら特別の例外を設けないということであります。これはまさに政府の対米交渉の原則がすべて貫かれたことを意味します」

「一九七二年中の返還は、復帰によって沖縄県民の生活に混乱を起さないよう、施政権の移転が円滑に実現する最小限の準備期間を確保するとの考慮に出たもので、実質的には『即時返還』と同じであります」（以上、楠田實編著『佐藤政権・2797日〈下〉』）

佐藤は帰国後、臨時国会を召集した。所信表明演説だけを行い、予定どおり六九年十二月二日に衆議院を解散した。

二十七日の総選挙で、自民党は歴史的な大勝を手にする。当選者は無所属の追加公認組を合わせて三〇五議席に達した。社会党は四〇減の九〇議席に落ち込む。佐藤のシナリオどおりの展開になった。

七〇年十月、佐藤は総裁四選を果たした。首相在任は六年超となる。七二年の返還実現まで政権を担い、現職首相で返還式典を迎えるのが佐藤の望みだった。

七一年六月、沖縄返還協定が調印された。秋の臨時国会で批准が完了する。七二年一月のニクソンとのサンクレメンテ会談で五月十五日の返還が決まった。

望みどおり返還式典を現職首相として挙行する。二ヵ月後、戦後最長の七年八ヵ月の在任記録を残して政権の座を降りた。

ところが、沖縄返還に関する日米合意には、表には出さない約束の「密約」が隠されていたことが後日、明らかになった。大きく分けて三種の「密約」が存在した。

第一は、返還前に沖縄の米軍が握っていた出撃の自由、核兵器を含むすべての装備の自由の維持を認めるという密約である。先述のとおり、佐藤は返還が決定した直後の記者会見で、「核兵器が存在しない形での返還」「返還後の沖縄には安保条約が本土同様に適用」「事前協議にも特別の例外を設けない」とアピールしたが、実は日米両政府の間で「核抜き」返還の特例を認める裏取引があったのでは、といわれた。

第二は、施政権返還に伴って、アメリカが日本に引き渡す施設や設備の代償を、日本側が引き受けるという密約だ。有名な「外務省機密漏洩事件」で主役となった毎日新聞の西山太吉記者が疑惑追及に火をつけ、秘密の解明に挑んだ問題である。アメリカが支払うと返還協定に記された返還土地の原状回復補償費を日本側が肩代わりする密約があったと指摘した。

第三は、アメリカが沖縄返還を認める代わりに、ニクソンが強く望んだ「繊維問題での日本側の対米輸出規制」を実現するという密約であった。沖縄の「縄」と繊維を表す「糸」に引っかけて、佐藤内閣は「糸を売って縄を買った」と批判を浴びた日米繊維交渉の決着に関する秘密取引である。

沖縄の本土復帰は、敗戦国が戦争によらずに外交交渉で領土返還を実現し、世界史上、希有な「奇跡」と評価された。だが、返還実現の舞台裏で、密約も含め、権力の獲得と保持のために権謀術数《けんぼうじゅつすう》を駆使するニクソンと、「奇跡」の実現に政治生命を懸けた佐藤が、握手しながら足をけり合うという暗闘劇を繰り広げた。

他方、日本の国内政治でも、密約の裏側で、ポスト佐藤の座をうかがう田中や大平正芳（後に首相）らが、政権維持に懸命な佐藤の周りで、激しい権力争奪戦を展開した。

沖縄と繊維の取引

日本経済の成長・拡大に伴い、一九六〇年代以降、日米間で繊維、鉄鋼、半導体、自動車、オレンジ、米などの分野で、日米貿易摩擦が表面化した。貿易不均衡の要因として円安も問題となった。

戦後、日米貿易摩擦の火つけ役となったのが、六九年一月から二期目途中の七四年八月まで在任したニクソン大統領であった。

初当選した六八年の大統領選で、アメリカの南部諸州の票を確保するため、不振に悩む国内の繊維産業の支持をねらって、「繊維製品の対米輸出国に対する自主規制」「応じない場合の輸入規制」を公約に掲げた。大統領就任直後の六九年二月、記者会見で日本に対して「化合繊の対米輸出の自主規制」を要求した。

五月、ニクソン政権のモーリス・スタンズ商務長官が来日し、大平通産相と会談した。だが、アメリカ側の輸出規制の要求に、大平は応じない。大平正芳回想録刊行会編『大平正芳回想録――伝記編』によれば、スタンズとの話し合いでこんな姿勢を示したという。

「スタンズに、『再三、輸入品の影響と被害の実情を問いただしたが、ついに明確な返答を得られず、それならば、日本としても協定交渉に応ずるわけにはいかない』と答え、『米国が主導して作ったガットのルールを無視した規制措置は、日米関係のためにも、また米国繊維業界のためにもならない』と反論した」

ガット（GATT。関税及び貿易に関する一般協定）は自由貿易の促進を目的として一九四七年に締結された国際条約で、後に発展的に解消して、九五年成立の世界貿易機関（WTO）に移行した。

日米繊維戦争が火を噴いた。

ニクソンは、沖縄返還に応じたのだから、日本は当然、繊維製品の輸出規制でアメリカの要求に従う、と考えた。「縄と糸」と言われたが、「沖縄と繊維の取引」という意識だったのは疑いない。

六九年十一月二十一日に発表された佐藤とニクソンの日米共同声明には、沖縄返還に関して全十二項が盛り込まれたが、「繊維」に関する記述はいっさいなかった。佐藤はその日、ワシントンで記者会見を行い、さらにナショナルプレスクラブでも演説した。だが、そこでも繊維問題には一言も触れなかった。

ところが、舞台裏で沖縄返還交渉と日米繊維戦争はからみ合って進行した。返還交渉に「佐藤の密使」としてかかわった若泉敬（元京都産業大学教授）が、著書『他策ナカリシヲ信ゼムト欲ス』で、下交渉中の佐藤との会話を明かしている。

若泉が「具体的には、どうされるのですか。もっとはっきりお伺いしなければ、ニクソンやキッシンジャーを納得させることはできません」と尋ねる。佐藤は「うーん、分かっている。必ず、大統領のご趣旨にそうような方向にもっていくつもりだ。ワシントンで二人で会ったときじっくり話し合う、と向うに伝えてくれないか」と答えた。

若泉が続けて回想している。

「イエスかどうか、その確答だけを待っている相手に対して、総理の言い方の日本的曖昧さやぶっつけ本番でやった場合の危険性などを私は指摘し、総理との間でそのあとやや押し問答のような恰好になった」

「赤谷誤訳説」の真実

繊維問題は十一月二十日の佐藤・ニクソン会談でどう扱われたのか。

ニクソンは輸入規制法案の議会提出を強調し、日米関係への悪影響を指摘して、「解決」を強く要求した。同行した首相秘書官の楠田の記述によれば、佐藤はニクソンにこう答えたという。

「これに対して佐藤首相は、①日本の国内事情を説明すると、自分は繊維についての国会の決議に拘束されている ②ガットの場で繊維の話をしても、見通しがはっきりしない以上、実り多き結果は期待できない。まずジュネーブで二国間の予備的な話し合いをして見通しを立てたうえで、業界を指導する考えである――と述べた」（前掲『佐藤政権・2797日〈下〉』）

佐藤は繊維に関する場面について、自身の日記の「十一月二十日」の項に書き残している。

「予定の路線もあるのでその通り行った。然し大統領の発言も不充分なのでそのまゝにした部分もある、（中略）注意する事は沖縄と取り引きされたと云ふ事のない様に、そして全然別ヶの問題として取り扱ふ様に注意すること。処で一般的の自由化には大統領もあまり熱意がないが予想した様に『せんゐ』には甚だ敏感で一寸うるさい感。然しこれも極くあっさりと片づき大変安心した」（佐藤栄作著『佐藤榮作日記　第三巻』）。

文中の「別ヶ」は、別個のことだ。佐藤は「縄と糸の取引」と受け取られないように用心深い対応を心がけていたことは間違いない。

だが、日米繊維戦争の実態はそんな生易しい話ではなかった。

「二十日の会談でニクソン大統領が繊維交渉での日本の譲歩を求めた時、佐藤首相は天井を向いて『善処します』と答えたといわれる。これを通訳の赤谷源一（のちに国連事務次長）が『I do my best』と通訳した。ニクソン大統領は、佐藤首相が全面的にアメリカの要求を容れたと判断した。ところが、その後の日米交渉で一向にラチがあかず、ニクソン大統領は佐藤首相を『ウソつき』とののしるほど険悪な関係になったというのである」（前掲『佐藤政権・2797日〈下〉』・中野士朗執筆）

当時、外務省官房審議官だった赤谷の誤訳が日米関係の悪化を生んだという「赤谷誤訳説」が後に広まった。この点について、四十七年余が過ぎた二〇一七年四月十七日付の朝日新聞朝刊の「天声人語」が、背後の事情について興味深い解説を記事にした。

「佐藤栄作首相が『善処します』と発言。通訳が『アイ・ウィル・ドゥ・マイ・ベスト』と訳したとされる。ニクソン大統領は輸出規制の確約を得たと受け止めた。この『誤訳』が両国の関係悪化を招いたと語り継がれてきた。筆者も今年1月10日の当欄で紹介した。米政府の公文書に『善処します』発言はありませんでした――。元時事通信記者で翻訳家でもある檜誠司さんから貴重なご指摘をいただいた。英文記録を精査すると、『善処』どころか、首相は『私は誓う』『信じてほしい』と言葉を重ねて確約していたという」

「天声人語」は、誤訳説について、一九八七年に他界した赤谷の長女・慶子の発言を併せて紹介している。

「『父は生前、誤訳説が広まろうが広まるまいが、まったく気にしていませんでした』。源一氏は英オックスフォード大学で学び、のちに国連事務次長も務めた。英語力の確かさは折り紙つきだった。慶子さん自身、通訳として数々の修羅場をくぐり抜けてきた。『交渉がもつれたりこじれたりすると当の政治家が通訳のせいにすることって昔からあるんじゃないですか』と快活に笑った」

大平正芳と宮沢喜一で未解決

帰国六日後の六九年十二月二日に衆議院を解散し、二十七日の総選挙で大勝を遂げた佐藤は、年明けの七〇年一月十四日、第三次内閣を発足させた。沖縄返還交渉に当たってきた愛知外相は留任したが、繊維問題担当の大平は交代となる。後任に経済企画庁長官だった宮沢を起用した。

数日前の日曜日、大平は宮沢をゴルフに誘った。神奈川県茅ケ崎市のスリーハンドレッド・クラブに出向いた。宮沢が思い出を語る。

「大平氏はおそらく通産大臣に留任するであろうということから、繊維交渉をしなければならない。それはGATTなどと関係が多いものですから、私のGATTの経験などについて、大平氏は聞きたかったんだろうと思うんですね」（前掲『聞き書　宮澤喜一回顧録』）

同じ日、たまたま佐藤もスリーハンドレッド・クラブに姿を見せ、クラブハウスで大平、宮沢と顔を合わせた。佐藤は同行した次男の佐藤信二に、「あそこに新旧の通産相が一緒にいる」とつぶやいたという。

佐藤派の実力者で自民党幹事長だった田中は、派は違ったが、大平とは「盟友」だった。田中がその晩、大平に電話で「通産相留任」の情報を伝えた。

だが、発表された新閣僚の名簿には大平の名前はなかった。知米派でGATTの経験も豊富な宮沢に繊維交渉の解決を託そうと佐藤は考えたのだ。

佐藤には別の計算もあった。大平の抑え込みを企図し、大平派の分断もねらって、「一石二鳥」の人事を策した。「人事の佐藤」と呼ばれた首相である。同じ池田の直系ながら、前尾の側近で大平とは距離があった宮沢を、佐藤は後任の通産相に据えたのである。

大平のショックは大きかった。前掲の『大平正芳回想録――伝記編』が「傷心」を伝える。

「大平は日米繊維交渉にあたって、米側のゴリ押しを筋を通しつつ解決することに自信をもっていた。外相時代以来築いた彼の米国における人脈を通じて、それをなしうるとの感触を得ていたのであろう。だが、今回の通産相人事で、夢は完全に潰え去った」

「大平通産相の更迭については、大平自身が『私の履歴書』の中で、『佐藤首相は、沖縄返還交渉を控えて、日米関係を大局的に見てのことと思うが、日米繊維交渉の早期解決を望んでいた。そして、一月の内閣改造にあたっては、私の留任を斥け、宮沢喜一君を後任に起用した』と述べている。すなわち、大平は明らかにこれを佐藤首相に〝クビを切られた〟と受け止めていたのである」

後任の通産相となった宮沢は、官僚出身政治家らしく、まずは事務当局に事情を聞いた。通産相は外国為替及び外国貿易管理法に基づいて戦略物資の輸出規制を許可できるが、繊維は戦略物資に当たらないので、法律上は無理と分かった。過去、貿易摩擦の対象となった鉄鋼やテレビなどと違って、繊維は製品の種類も千差万別で、取り扱い業者の数も格段に多く、規制は事実上も困難と知らされた。

宮沢は早々に決心を固めた。前掲の『聞き書　宮澤喜一回顧録』で以下のように追想している。

「これは私の性格に欠陥のあるところなんですが、法律的にできないという話をやるということはよくない。どんなに政府が望ましいと思っても、これだけはっきり規定されているものを、力ずくでやるということは、どうも私はよくないと思う。私にはできない。そういう決心を、わりに早く、自分の気持ちの中で実はしていたわけです」

織維業界も通産省も輸出規制には絶対反対である。日本の輸出によってアメリカ側に実害が生じているわけではないという認識だった。

とはいえ、宮沢も、沖縄返還を目指す佐藤と、それに乗じて繊維問題で要求を通そうとするニクソンの意図は百も承知である。ニクソン側のねらいについて解説する。

「佐藤さんに圧力をかけて、沖縄のことを頭に置きながら、なんとかウンと言わせようということであったと思うんですね。それに対して佐藤さんは、これは私の想像ですが、従来テレビにしてもカメラにしても、たいていの日本側の自主規制は、いやだいやだと言いながらも、できているわけです。だから佐藤さんは、繊維だけできないわけはないだろうと思われたんだろうと思います」

「ニクソンには、佐藤はとにかくベストを尽くしてやる、という印象を与えられたんだろうと思うんですね。そういう背景があったと思います。それをアメリカ側がなんとか上手に利用して、日米間の合意に漕ぎつけようということであったと思うわけであります」

規制は困難と思いながらも、宮沢は日本側の事情についてアメリカの理解を深めるために、日米間で話し合いが必要と考えた。通産相就任から半年が過ぎた七〇年六月十九日、訪米してスタンズ商務長官との会談に臨んだ。

案の定、協議は不調に終わる。合意は不可能との結論に達したという趣旨の共同声明を発表した。

二十七日に帰国した宮沢は、すぐに官房長官の保利に辞表を提出した。だが、佐藤は却下した。大平嫌いで宮沢がお気に入りの佐藤は、こう言って諭し、宮沢に期待を持ち続けたという。

「宮澤君ね、これは結局は商売の話なんだよ。売った買ったという話なので、理屈はある程度言ってもいいけれど、売った買ったにとことんまで理屈というものはないだろう」(前掲『聞き書 宮澤喜一回顧録』)

かつて宮沢をインタビューしたとき、こんな権力観を耳にした。

「国益とか公共の福祉など、やむをえない問題に関係する場合以外は、権力は行使すべきでないというのが私の信念です」

こういう考え方の宮沢は、最後まで動かなかった。「泥をかぶろうとしない、きれいごとだけの政治家」という批判も噴き出した。

事態打開のため、繊維業界は自主規制案の策定に踏み出した。十一月、最終的に総枠方式による六枠十七品目の自主規制案を決める。繊維業界は日本政府と打ち合わせの上、七一年三月に一方的に自主規制宣言を打ち出した。同時に、日本政府は政府間交渉の打ち切りをアメリカ側に通告した。

佐藤内閣は「自主規制宣言で問題解決」ともくろんだが、そうは行かない。ニクソンは拒否した。

アメリカ側は、自主規制の中身も不満だったが、政府間交渉の中止に反発した。形は繊維業界の自主規制だが、裏で政府が根回しに動いていたから、アメリカ側の不承知は事実上、「佐藤内閣の失敗」であった。

佐藤とニクソンの背離

六月十七日、日米両政府は沖縄返還協定に調印した。宇宙中継による日米同時調印であった。

七月五日、翌七二年五月の沖縄返還実現を十ヵ月後に控えて、佐藤は内閣改造を行う。繊維問題で立ち往生を続ける宮沢をついに見限った。

通産相に田中を起用する。大平以来、三年越しの未解決の懸案である日米繊維戦争の最終決着を、「剛腕」で知られる田中の手にゆだねた。

初めて通産省に乗り込んだ田中は当初、大平や宮沢と同じく事務当局の路線に乗った。GATTが掲げる「被害のないところに規制なし」という原則に沿って、九月の日米経済閣僚会議でも「アメリカ側の輸出規制の要求は理不尽」と強く主張した。

だが、独特の勘と経験に基づいて情勢と問題の本質を素早く見抜く田中は、手詰まりの打開には方針転換が不可避とすぐに気づいた。政府間交渉の再開を決断する。通産相秘書官に任命された小長啓一《こながけいいち》（後に事務次官。元アラビア石油社長）が振り返って書いている。

「大臣は、『君らの言うとおり主張してきたが、主張するだけでは事態は解決しない。どうすれば局面打開ができるか考えよう』と幹部会議で発言された。先頭に立って強硬論を述べてきた大臣の言葉だけに、説得力があったし、省内にも方針転換の好機との空気ができていた。機をみるに敏な大臣は、『原則論に固執せず、譲歩しながら、業界の被害を最小限にする方向で政治決着を図るしかない』と決断された」

「国内対策としては、輸出規制によって得べかりし利益を失う繊維業者に対して、織機の買い上げを含む各般の予算措置を講ずることとした。大臣自ら水田大蔵大臣に、『繊維交渉を死に物狂いでやっている。大蔵もちゃんと応援してくれ』と電話で陳情され、担当主計官にも『お国のためによろしく』と一筆書かれた。事務当局は、二千億円を超える予算が本当にとれるのかどうか半信半疑であったが、大臣のど迫力を背後に感じながら、大蔵省との折衝を繰り返した」（以上、田中角榮記念館発行『私の中の田中角榮』所収「日米繊維交渉——電光石火の裁き」）

当時の蔵相は自民党の政策通として知られた水田三喜男（元政調会長）である。田中は輸出規制受け入れを決め、国内の繊維業界に約二〇〇〇億円の救済融資の予算を用意して認めさせた。

七二年六月の沖縄返還協定調印から四ヵ月が過ぎた十月、日米で政府間協定の了解覚書が締結される。田中主導の補償金ばらまきで、ニクソン登場から二年十ヵ月を経て、日米繊維戦争がやっと終結した。

だが、交渉の長期化と決着の遅れに、ニクソンは不信感を募らせる。「善処」と口にした佐藤を「ライアー（うそつき）」と罵倒した。佐藤も、一方で沖縄返還への協力に恩義を感じながらも、「ごり押しニクソン」に嫌悪感を抱いた。

佐藤とニクソンの背離は、次の政争の火種となる。「日本の裏切り」と受け止めたニクソンは怒りを爆発させた。佐藤政権がまだ輸出規制受け入れを決めていなかった七一年七月十五日、ニクソンは「世紀の米中和解」と呼ばれた訪中計画を発表したが、日本への事前通告を意識的に怠った。

アメリカの外交機密文書を解き明かして日米関係の虚実を丹念に検証した春名幹男著『仮面の日米同盟　米外交機密文書が明かす真実』によれば、こんな動きだった。

「『ニクソン訪中』の発表は日本時間では一日遅い七月十六日。日本政府には、ロジャーズ国務長官→牛場信彦駐米大使→安川壮外務審議官→外務省から出向の小杉照夫首相補佐官、という経路で伝えられた。首相官邸は閣議中で、小杉がメモを持って閣議室に入ったが、既に散会済みだった。廊下に出てきた佐藤に、秘書官の楠田實が第一報を伝えた。ニクソン演説開始の三分前のことだったという」

「キッシンジャーは綿密な検討の上、必要だと判断した国にはしっかり通知していたのだ。第一に、ソ連に知らせた。盗聴を恐れて安全装置の付いた電話で話すため、ソ連のアナトリー・ドブルイニン駐米大使を七月十五日午前九時に、ホワイトハウスに招き入れ、極秘訪中から帰国したばかりで、サンクレメンテにいたキッシンジャーが伝えた」

「第二に、キッシンジャーはインドにも通知した可能性が大きい。ニクソン大統領図書館所蔵の『ハルデマン(首席補佐官)日記』の七月十五日の項には、『キッシンジャーがロシアおよびインドの大使に電話し始めた』との記述がある」

キッシンジャー大統領補佐官は外交面でニクソンの知恵袋兼右腕として大活躍した政治家である。

「日米一体」を説く佐藤は、日本の頭越しに米中が手を結ぶことはないと言い続けてきた。米中接近が現実になる場合も、事前にアメリカから連絡を受け、協議を行うと確信していたが、ニクソンは一方的に政策変更を実行した。佐藤政権はかやの外に置かれ、「ニクソンショック」といわれた。

「金・ドル交換停止」のニクソン新政策

一ヵ月後、「第二のニクソンショック」が襲った。現地時間の八月十五日の夜九時、ニクソンが経済政策の大転換を発表した。十項目以上の政策パッケージだったが、世界を揺るがせたのは「一時的な金・ドル交換停止」と「一〇パーセントの輸入課徴金賦課」であった。

アメリカは戦後、強大な金保有高を背景に、世界通貨のドルを金一オンス＝三五ドルの比率で自由に金と交換すると約束し、金・ドル本位制を保障してきた。だが、ベトナム戦争の戦費拡大や、輸出低迷による国際収支の赤字拡大が原因で、金準備が大きく落ち込む。四九年に二四六億ドルというピークを記録した金準備が七一年五月末には一〇六億ドルまで減少した。

ニクソンは著書『ニクソン回顧録　第一部　栄光の日々』（松尾文夫・斎田一路訳）で吐露している。

「予期しない事態のため、われわれは経済政策をとる時期を、急速に早めなければならなくなった。八月の第二週に、イギリスの大使が財務省を訪れて、三十億ドルを金に換えてほしいと申し入れた。これを認めるにせよ、拒否するにせよ、われわれの決定は重大な危険を招くことになると思われた」

日本では四九年四月、金・ドル本位制を基に、アメリカ主導で一ドル＝三六〇円の単一為替レートが設定された。恩恵は大きかった。戦後の復興と高成長の実現を後押しする不可欠の装置となった。

金・ドル本位制が崩壊すれば、日本は三六〇円レートからの離脱に追い込まれる。実際にニクソンショックから十二日が過ぎた八月二十八日、変動相場制への移行を余儀なくされた。

ニクソンショックは日本経済にとっても致命的な打撃と見られたが、キッシンジャーはその点を予知していて、著書『キッシンジャー秘録　第四巻　モスクワへの道』（桃井眞監修）に書きつづっている。

「多くの国は、これを工業民主主義諸国に対する経済戦争宣言とみなし、アメリカがこれまで口にしてきた、開放された国際経済体制確立の公約から後退したものと受け取った。（中略）とりわけ日本は、発表が唐突であったこと、なかに一方的な性格の措置もあること、国際経済体制全体の正式な再構築を検討せざるを得なくなったことのために、ショック状態に叩き込まれた」

二つ目のニクソンショックが見舞ったとき、日本は八月十六日の朝であった。十時から首相官邸で全国知事会議が開催された。

佐藤内閣の竹下登官房長官（後に首相）は知事会議の前、ニクソンの新政策発表の直前に、官邸の廊下で報道陣に質問されて初めて「ニクソンの新政策発表」を知った。情報は皆無で、質問の意味も理解できず、何も答えられなかった。

佐藤も廊下で記者につかまったが、無言で執務室に戻る。竹下を呼んで「報道陣にはよく勉強してからコメントするように」と告げた。

その場面を振り返って、竹下は後にインタビューに答えて打ち明けた。

「この瞬間はもちろん、ニクソン声明の中身が伝わってからも、失礼ながら総理はその意味についてあまりお分かりではなかった。私なんかもよく分からなかった。最初のうちはとにかく勉強、勉強でした」

沖縄を直撃したニクソンショック

琉球政府の屋良主席は、沖縄返還協定調印の二ヵ月後のこの日、全国知事会議に初めてオブザーバーとして出席した。知事会議に続いて、正午から官邸の大食堂で昼食会が開かれた。屋良の席は佐藤首相の隣だった。

佐藤に促されて、水田蔵相がニクソン新政策について説明を始めた。屋良は教育畑出身で、経済には明るくなかったが、大変な事態になったと直感的に感じ取った。返還前で、沖縄はドル経済におかれていたからだ。

ニクソンショックは屋良にとっても寝耳に水である。沖縄を統治する米民政府から琉球政府に対して、事前または事後の通知が届いたという知らせはなかった。

ニクソンショックが本土復帰を控えた沖縄にどんな影響を与えるのか、屋良は見当がつかない。隣の佐藤に不安をぶつけてみた。瞬間、佐藤は返答に窮した。少しの沈黙の後、小声で一言つぶやいた。

「沖縄はアメリカの施政下にあるから、心配は要らんだろう」

屋良はその意味がとっさに理解できなかった。だが、佐藤はそれ以上は聞くなと言わんばかりの顔である。屋良は次の言葉を口にできなかった。

「佐藤さんのあの言葉はいったいどう解釈すればいいのか、その後もずっとよく分からなかった」

屋良がインタビューで語った。

戦後、アメリカの統治の下でドル経済を強いられてきた沖縄では、ニクソンショックの影響は大きかった。本土旅行の際の円替えや学費の送金、貿易手形の決済などがストップした。アメリカの輸入課徴金の賦課で、対米輸出も減少する。アメリカからの援助縮小で、不況が深刻化した。

それ以上に沖縄を直撃した問題は、本土復帰後に行われる通貨切り換えの際、三六〇円での交換が保障されるかどうかであった。知事会議が終わるのを見計らって、昼食時に琉球政府の喜久川宏通産局長が屋良に電話をかけてきた。

屋良は自身の日記に書き残している。「ニクソン・ショック」の章の「8月16日（月）」の項に記述がある（琉球新報社編『一条の光　屋良朝苗日記・下』）。

「〈喜久川宏〉通産局長から電話。之は昼食の時にアメリカの経済政策弗《ドル》異変がアメリカから通達されて来て、水田〈三喜男〉大蔵大臣から〈知事らに〉説明があった事。私は金融の問題はよく分からないのでキョトンと聞いていたが、その件について喜久川氏から電話。要は沖縄のドル交換レートは復帰するまで一対三六〇である事、それが維持出来る様に山中大臣や大蔵大臣に要請確認しておく様にとの事。そうしよう」

十七日、屋良は午前中に本土政府の沖縄復帰対策担当相である総理府総務長官の山中貞則と会談した。第三次復帰対策要綱などについて話し合ったが、その席で、沖縄住民が等しく懸念しているドルの問題を持ち出した。

屋良は前掲の日記に、続けて「8月17日（火）」の項で山中とのやり取りを書きとどめている。

「米国のドル防衛策が円の切り上げとなり、沖縄側が大きい損失を受ける事がないかと意見を求めた所、復帰するまでは左様な事はさせないと強調して居られた。今日の閣僚会議でも日本の金融政策の犠牲に沖縄を追い込む事は絶対に許されない、それは又、かつての福田〈赳夫〉前蔵相と総理との約束でもある。ちかって一：三六〇レートはくずさないと強弁されたので、先ずは以て安心する。記者会見でもそれを強く云い切って居られたので、大臣を信頼し是非そうあってほしいと思う」

屋良はひとまず胸をなで下ろした。

十九日、那覇に戻った。だが、沖縄の空気は険しかった。地元のマスコミ、経済界、労働団体、学者グループなどが、こぞって被害の救済と三六〇円レートによるドルの即時円切り換えを訴えた。

変動相場制移行は「経済の琉球処分」

屋良は二十四日、喜久川を伴って再び上京した。翌二十五日、外務省、大蔵省（現財務省）、総理府を回って復帰前の通貨交換が可能かどうか、懸命に探った。

休養中だった福田赳夫外相（後に首相）に代わって応対した外相代理の木村経企庁長官

は、「通貨は施政権のシンボルのようなもの。復帰前の交換は難しいと思う。外務省としても対米折衝が必要と考えている」と返答した。水田蔵相も「残念ながら、今すぐどうするとは約束できない」としか言わない。山中も「一ドル＝三六〇円を堅持するという政府の方針に変わりはないが、復帰前の交換はアメリカ側の事情も関係するので、危険が大きい。情報漏れなど技術的にも混乱を招く要素が多すぎる」と述べた。

屋良は肩を落とした。人情家の山中は首相官邸に電話し、佐藤を電話口に呼び出した。佐藤と山中は沖縄の通貨問題で過去に因縁があった。岸内閣時代の五八年九月、アメリカの方針で沖縄の通貨が円（B円）からドルに切り換えられたとき、佐藤蔵相と山中大蔵政務次官のコンビで対応した。それが記憶にあった佐藤は沖縄復帰を控えた七〇年一月、第三次内閣の組閣で山中を沖縄復帰担当相に起用したのだ。

佐藤が電話で屋良に告げる。

「ドルの問題は、全県民が直接に影響を受ける沖縄は本土とは質が違う。いかなる場合でも沖縄に損失を与えないように国の責任で処理するから心配しないでほしい。君の力で無用の混乱が起こらないように指導してもらいたい」

佐藤は「国の責任で処理」と言ったが、政府はすぐには動き出さなかった。復帰前の交換を決めるどころか、何一つ救済措置が取られないまま、ニクソンショックから十一日が経過した七一年八月二十七日、佐藤内閣は固定相場制からの離脱を決定した。

屋良は前日の二十六日から九州知事会出席で宮崎市にいた。知事会の後、夜七時半から宮崎の沖縄県人会の歓迎会があり、屋良はそこで離脱決定を知った。前掲の『一条の光屋良朝苗日記・下』の「8月27日（金）」に記述がある。

「最中にドルと円の変動相場制、明日から実施と大蔵大臣が発表したとの耳打ちあり。私は遂に来るべきものが来たと云う感じであった」

屋良は翌二十八日、朝七時に東京の山中に電話した。山中は空路で羽田から福岡に向かっていると知る。屋良も福岡に出ることにした。宮崎は悪天候で、航空便はストップしている。宮崎駅発十三時十五分の日豊線の急行列車に乗車した。

屋良が自著『屋良朝苗回顧録』で思い出をつづっている。

「大分駅に着いたとき、『琉球新報』福岡支局発信の『山中長官が福岡のホテルで待っている』との電報を受け取った」

屋良は二十一時四十分に博多駅に到着し、山中が宿泊する博多観光ホテルに急行した。

「長官は『変動相場制になっても、一ドル＝三百六十円の比率が消失したわけではない。蔵相にも再三念を押してある。したがって沖縄のドル切り替えの際もこのレートは変わらない』と語り、ドル切り替えのための流通通貨額や預貯金の額をどう確認するか、切り替え後の軍労働者の給与をどうするか、商取引の差損額はどうするか、などの問題点をあげ、沖縄でも解決策を具体的に詰めておいてほしいと要望された」

山中は法律的には三六〇円レートは消滅せず、復帰時の通貨交換の際、この原則は適用されると強調し、変動相場制移行で生じる沖縄県民のドル差損を国の責任で補償すると確約した。

だが、突然の変動相場制移行の決定で、八月二十八日以後、沖縄では手もとのドル紙幣は、日ごとに円との交換価値が目減りした。変動相場制移行決定は沖縄の人々には「経済の琉球処分」と映った。

佐藤政権は山中の確約に基づいて沖縄ドルの差損補償方式の検討を始めた。それは復帰前のドル・チェック作戦である。

本土政府と琉球政府の責任で事前に通貨確認を実施し、確認済みのドルに限って復帰時の交換で一ドル＝三六〇円レートを保障することにした。

一つだけ心配があった。復帰時の円との交換を行う場合、その時点の為替相場よりも明らかに有利な条件での交換を、日本政府が公式に約束するわけである。

確認前の沖縄に投機目当てのドルが大量に流入するおそれがあった。確認作業を行うかどうか、いつどのように交換を実施するかも、すべて秘密事項にしなければならない。

ことは完璧な秘密を要した。九月四日、山中は総理府の沖縄地方対策庁の田辺博通調整部長を呼んでそっと告げた。田辺は大蔵省からの出向である。

「実務責任者の君だけに話す。おれはこの問題には政治生命を懸けるつもりでいる。絶対に外に漏らさないように」

田辺にささやいた。

責任者は本土が山中、琉球政府は行政副主席の宮里松正（弁護士。後に衆議院議員）で、補佐役は田辺と喜久川である。施政権を持つアメリカ側のトップは高等弁務官のジェームス・ランパート陸軍中将だが、ドル・チェックの直前まで知らせなかった。

アメリカの頭越しでドル・チェック

ドル確認は十月二日の土曜日と決まった。離島を含む沖縄全域の全金融機関の業務を停止し、全住民の預貯金を一時封鎖して流通通貨に証紙を貼ることになった。

六千万枚もの大量の証紙、絶対にはがれない糊、割符用のゴム印を用意する。そのころ、琉球政府は大蔵省印刷局に西表島のカンピラ滝の図柄の切手を発注していたが、それを増刷して代用することにした。糊も印刷局の技術者に目的を告げないで研究させた。

直前になって一週間、延期となる。国際会議に出席中の水田の帰国が遅れ、九日に変更された。

それればかりか、二日前の七日に証紙貼付方式が不可と判明した。返還の際、日米両政府の間で財産や権利・義務の清算を行うことになっている。日本は沖縄で流通するドルの総額をアメリカに請求できるが、アメリカ政府が「証紙貼付のドルは破損された紙幣で無効」と主張する心配が生じた。

証紙貼付は取りやめる。鉛筆のしりに赤のインクをつけ、はんこ代わりに印を押すだけという方法に変更した。

「なんだ、この記事は」

七日の夕方、山中は朝日新聞の夕刊を見て肝を冷やした。極秘の通貨確認計画がすっぱ抜かれたのだ。

捨て身の打ち消し作戦を決意する。沖縄の全金融機関の業務をストップさせて行うドル確認実施計画は八日に公表する予定だった。山中は進んで記者会見に臨み、口にした。

「いずれ何らかの形で救済策をと思っていたが、この記事で断念せざるをえなくなった」

山中の作戦は奏功する。マスコミも九日実施は中止に、と受け止め、それ以上は追及しなかった。

八日の午前九時、琉球政府はランパートへの事前通告抜きで全金融機関の業務停止命令を発した。午後七時、沖縄の立法院はドル・チェックに必要な法案を緊急可決し、即時、公布した。

一方、東京の首相官邸で、佐藤と山中が密談した。アメリカにドル・チェック実施を事前通告すべきかどうかを話し合った。

「通告すれば、ノーと言うかもしれません。そのときは私の辞表で片付けて下さい」

山中は自分の首を差し出す気であった。

「辞表は要らんよ。それよりも一度、おれたちもアメリカの頭越しというのをやってみるか」

佐藤は真顔でつぶやいた。

七月と八月、佐藤は二度もニクソンから頭越しという痛恨の仕打ちを食らった。二つのニクソンショックで面目は丸つぶれとなった。チャンスがあれば一矢報いてやろうと前々から考えていたのだ。

十月九日、ドル・チェックが実施された。翌七二年五月十五日の沖縄返還の際、琉球政府が発行した証明書を持つ住民には、実質的に一ドル＝三六〇円レートによる交換が保障された。証明書の持参者は、実勢レートで手持ちのドルを円に交換した後、三六〇円との差額を給付金という形で受け取ったのである。

第3章
「基地の島」のジレンマ
――復帰後の経済振興と開発

米軍用地強制使用の代理署名を拒否し、村山富市首相との会談に臨んだ大田昌秀沖縄県知事（左）。1995年11月24日（共同）

「沖縄問題は超党派的に」と山中貞則

一九七二（昭和四十七）年五月十五日、沖縄返還が実現し、午前十時半から那覇市民会館大ホールで国の復帰記念式典が行われた。政府からは、佐藤内閣で返還前の七〇年一月から本土復帰担当相兼総理府総務長官を務める山中が出席した。

山中は戦後、郷里の鹿児島県の県議からスタートした。その後、衆議院議員となる。五三年から二〇〇四年まで、一回の落選をはさんで四十七年余（当選十七回）、在任した。自民党の大蔵族議員で、総務会長や通産相などを歴任する一方、党の税制調査会長を長く務め、「税調のボス」と呼ばれた。沖縄返還では、佐藤とのコンビで実現に邁進し、復帰の実務の責任者として奮闘した。返還後、沖縄開発庁（現内閣府沖縄振興局）の初代長官を務め、〇三年に沖縄県からただ一人、名誉県民に選定された。

復帰時、琉球政府の行政主席だった屋良が思い出を語った。

「復帰の式典の後、山中さんから夕食に招待され、那覇市内の料理屋で山中さん夫妻と私ども夫婦の四人で夕食をご一緒しました。私は『復帰担当大臣が山中さんだったのは天の配剤です』とお礼を言いました」

政府は沖縄の本土復帰に合わせて、沖縄開発庁設置法、沖縄振興開発特別措置法、沖縄振興開発金融公庫法の「沖縄三法」を制定し、復帰の日に施行した。

復帰の一九七二年五月十五日から二十日まで、沖縄県民の手持ちの米ドルを日本円に切り換える通貨交換も実施された。政府は返還の三日前の十二日、当時の外国為替相場を基に、沖縄の通貨交換レートを一ドル＝三〇五円と決めた。水田蔵相が固定相場時代の一ドル＝三六〇円との差額を支給する「特別給付金支給要綱」を琉球政府に通知した。

その結果、沖縄県民が保有するドルは、交換の際、差額の五五円が補償された。総額は約五億六〇〇〇万ドル（現金が約六〇〇〇万ドル、預貯金が約五億ドル）で、政府による支給額は約三〇八億円に達した。

屋良は復帰処理と沖縄県作りが自身の責務と考え、復帰後の初代県知事を目指した。行政主席時代と同じく革新統一候補で出馬した。自民党は弁護士で元行政主席の大田政作を擁立した。知事選は六月二十五日に行われ、屋良が約七万三〇〇〇票差で圧勝した。

屋良は三十日に上京する。敵陣だった自民党の総大将の佐藤首相にもあいさつに出向いた。七月六日に政権の座を降りる佐藤は退陣直前である。

屋良が前掲の『屋良朝苗回顧録』に書き残している。

「首相は温かく迎えてくださり、『知事選挙のとき、ボクや山中総務長官が（自民党候補応援のため、沖縄に）行かなかったことは、よかっただろう』などといって、笑っておられた。

そのあと、首相とともに退陣を予定されている山中長官と会見した。私の長官に対する実感をこめてのお礼のあいさつに対し、長官は『国は、沖縄に対して、いくら報いても過ぎることはない。沖縄問題は超党派的に考えるべきだ』と強調しておられた。山中長官は確かに徹頭徹尾、沖縄に力を注ぐ態度を貫かれた」

初めての保守県政

本土復帰は実現したが、戦後二十七年、アメリカ統治を強いられた沖縄と、戦後復興を経て高度成長を実現した本土との経済格差は大きかった。自民党政権が復帰後の沖縄に関して真っ先に目指したのは経済振興と開発であった。

沖縄県民は返還後も知事選で革新県政を選択したが、中央の自民党政権は屋良体制を敵視したり、追い詰めるような対応は取らなかった。佐藤の後、自民党は「三角大福」と呼ばれた派閥抗争の時代を迎える。首相は田中、三木、福田と約二年刻みで目まぐるしく交代した。どの政権も権力争奪でエネルギーを消耗し、返還後の沖縄は眼中になかった。

屋良県政の課題は、県民の雇用確保と生活保障、米軍用地開放の跡地活用、再生・沖縄県の開発構想などだったが、併せて復帰記念の三大行事と位置づける植樹祭、「若夏国体」と呼ばれた特別国民体育大会、国際海洋博覧会の開催に取り組んだ。

海洋博は七三年十月に襲った第一次石油危機の影響で、一年延期となるが、七五年七月から七六年一月まで無事、開催された。屋良は閉幕を見届けて、一期目の任期満了で知事の座を降りた。

知事選は三木政権末期、中央政界でロッキード事件の嵐が吹き荒れていた七六年六月に行われた。自民党は当時の民社党と組み、衆議院議員の安里積千代（元沖縄社大党委員長）を擁立して保守県政を目指した。だが、今度も革新統一候補の沖縄社大党委員長の平良幸《たいらこう》市《いち》（元沖縄県議）に三万票以上の差で敗れた。

ところが、平良は二年半後に脳血栓で倒れ、途中辞任となる。七八年十二月に知事選が実施された。

復帰後、沖縄の選挙では、自民党は知事選、衆参の選挙とも苦戦続きだった。知事選は二連敗で、復帰の七ヵ月後の七二年十二月に田中首相の下で実施された総選挙でも、当時の沖縄全県区（定数五人）で二人しか当選しなかった。

七四年七月の参院選も、革新候補の喜屋武真栄《きやんしんえい》（元沖縄県祖国復帰協議会会長）が自民党候補を約八万票の大差で下した。次の三木内閣での七六年十二月の総選挙も、自民党は同じく二議席に終わった。

保守県政樹立が悲願の自民党は、七八年の知事選では、満を持してエースを投入した。

復帰前の七〇年に行われた国政参加選挙以来、八年にわたって衆議院議員を務める田中派の西銘順治《にしめじゅんじ》(元那覇市長)を、民社党と組んで擁立した。

中央政治は福田政権の末期で、自民党総裁任期の満了を控えて、政権維持に執念を燃やす福田と、田中との「大角連合」で福田打倒を狙う大平が、「大福決戦」を展開中であった。沖縄県知事選は自民党が党を挙げて支援する態勢ではなかったが、西銘は革新候補を二万八〇〇〇票差で破り、初めて保守県政を実現した。

西銘は九〇年十二月まで三期十二年、知事を務めた。三回の選挙とも、革新系候補との一騎討ちだったが、三連勝した。

保守知事の西銘は「中央との連携」を強く打ち出した。櫻澤誠著『沖縄現代史』は、「衆議院議員時代に属した田中派の人脈を生かし、積極的な利益誘導型政治を展開する。それは国庫支出の増額に顕著に表れてくる」と指摘する。

七〇年に策定された第一次沖縄振興開発計画の振興開発事業費の合計は約一兆二五〇〇億円で、年平均約一二五〇億円だったが、革新県政期の年平均は約九三八億円、保守県政期は約一九七五億円で、ほぼ倍増したという。

西銘は革新県政が手をつけなかった自衛官の募集業務も受け入れた。一方で、沖縄の基地負担の軽減を目指した。

日米安保条約の容認を前提に、米軍基地の返還要求に取り組んだ。八五年と八八年に自ら訪米し、直接、アメリカ政府に要請した。その結果、部分的だが、基地返還が進んだ。革新側は県政奪還に照準を合わせて準備中だった。沖縄県労働組合協議会など、革新陣営が白羽の矢を立てたのは、琉球大学教授の大田昌秀であった。

大田昌秀擁立で革新県政奪還

西銘の三期目の改選の八六年、県労協委員長だった吉元政矩《よしもとまさのり》(元沖縄県祖国復帰協議会事務局長、元沖縄官公庁労働組合書記長。後に沖縄県副知事)が擁立に動いたが、教授の定年まで五年を残していた大田は、学者としてやり残した仕事があると言って固辞した。

四年後の九〇年の改選を前に、再び大田に出馬を持ちかけた。吉元が書き残している。

「大田さん一本に絞ったのは、沖縄対中央という図式では、もう沖縄問題は片づかない、という思いが革新の側にあったからだ。冷戦崩壊後の沖縄をどう位置づけるのかについて、二十一世紀を展望しながら、もう一度真正面から取り組もうという決意が、支える側にもあった」(大田昌秀著『沖縄の決断』所収の【証言】より)。

八九年十一月、ドイツで「ベルリンの壁」の取り壊しが始まった。十二月に米ソの両首脳がマルタ島で会談し、東西冷戦終結を宣言した。西銘の四期目の知事選はその十一ヵ月後であった。

もともと大田には政治的野心はなく、政治への関与にも消極的だったが、「自身の主張を実践すべきでは」と言われ、最後に出馬要請の受け入れを決断した。大学教授を辞任して知事選に名乗りを上げる。九〇年十一月の選挙は西銘と大田の一騎討ちとなった。

西銘知事時代の十二年、大平、鈴木善幸、中曽根康弘、竹下、宇野宗佑、海部俊樹と六人の首相が登場した。海部は八九年、リクルート事件で自民党の実力者が総崩れとなって急浮上し、党内基盤がないまま政権を担った。だが、逆風下での九〇年二月の総選挙で善戦し、続投を果たした。

八月、イラクが隣国のクウェートに武力侵入した。湾岸危機の勃発である。アメリカは各国に対イラクの多国籍軍結成を呼びかける一方、ペルシャ湾の海上封鎖を決めた。

海部政権は多国籍軍や周辺国への支援を決定した。多国籍軍には開戦後の追加協力も含めて総額一三五億ドルの資金援助を行った。他方、十月から始まった臨時国会に国連平和協力法（国際連合平和維持活動等に対する協力に関する法律）案を提出したが、こちらは十一月十日の国会閉会間際に廃案となった。

多数の米軍基地を抱える沖縄では、多国籍軍支援や国連平和協力法の成立を目指した自民党政権の姿勢に反対が強かった。国会閉会直後の十八日に投票が行われた県知事選に影響を与えた。大田は三三万票対三〇万票で現職の西銘を制し、革新県政奪還に成功した。

知事選で、大田は「基地縮小」を唱え、就任直後、「沖縄振興」を県民にアピールした。ところが、きわめて困難な局面に遭遇した。

沖縄では復帰前の七〇年から、経済振興のために、十年計画で沖縄振興開発計画が策定された。八二年にスタートした第二次計画が進行中だったが、大田は期限切れとなる九二年を控えて、第三次計画の策定を目指した。

一方で、米軍用地の問題に直面した。駐留米軍の用地は安保条約と日米地位協定で土地提供義務を負う日本政府が手当てすることになっている。

日本政府が地主との民法上の賃貸借契約に基づいて借り上げた土地を米軍に提供するという仕組みで、実際は防衛施設庁が地主から借り上げて提供する。地主が契約を拒否したときは、国は駐留軍用地特別措置法（日米安全保障条約に基づく駐留軍用地使用等の特別措置法）の強制収用手続きによって土地を確保する。

ところが、本土復帰二十年に当たる九二年、沖縄では民法上の賃貸借契約が期限切れとなるため、契約を拒否する「反戦地主」への強制収用手続きだけでなく、一般の地主の契約更新も必要となる。地主が拒否した場合、国の強制収用手続きに知事として応じるべきかどうかという問題にぶつかった。

「私は、かねてから基地縮小を訴え、基地反対を公約に掲げていた。したがって、私自身が強制使用の一環としてなされる手続きに応じることになれば、公約違反にもなりかねない。ところが、地主や基地所在市町村長が契約手続きを拒否した場合は、国の機関委任事務として、知事が代行する手はずになる。しかし、私が裁決申請書の公告・縦覧代行に応じなければ、少なくとも公約違反は免れうる。だが、もしここで代行を拒否し、政府と対立すれば、就任直後に『県民へのアピール』で訴えた第三次沖縄振興開発計画の策定は、困難になってしまう」

大田は前掲の『沖縄の決断』でジレンマの場面を回想している。

選択に苦しんでいるとき、副知事だった仲井眞が、自民党の山崎拓（元防衛庁長官。後に幹事長や副総裁を歴任）との会見をしきりに勧めたという。大田が受諾すると、山崎は対米関係への配慮も理由に挙げ、公告・縦覧代行に応じるように会談で大田を説得した。基地問題については新制度を作って対応するという趣旨の話をした、と大田は明かす。

「私は『政府の発言どおり間違いなく基地問題の解決を図るのであれば』ということを条件に、応じるか否かよく考えてみたいとして会見を終わった」

「私はまだ、本土の有力政治家は、約束は必ず守ってくれるもの、と期待をかけていた」「苦い経験は、その後もずっと続くことになる」

悔恨と反省を込めて自著『沖縄の決断』で真情を吐露している。政治経験が浅かった大田は、政府側の甘言に乗せられる形で公告・縦覧代行に応じる。米軍用地について、沖縄県収用委員会は五年間という裁決を下し、九七年までの強制使用が認められた。

この米軍用地使用問題は、後に九七年の期限切れを前にして、橋本内閣でも政治問題化し、政権を揺るがせることになる。

大田登場から約一年が過ぎた九一年十一月、政権は海部から宮沢に移った。海部は政治改革の実現によって政権基盤の強化を図り、政権維持を、と考えた。国会で政治改革法案の廃案という事態となり、解散・総選挙をにおわせる「重大な決意」を口にした。

政権の最大の後ろ盾だったのは、党内最大派閥の竹下派会長の金丸信（後に自民党副総裁）であった。だが、金丸は海部を見限った。海部は総裁選不出馬に追い込まれて退陣となる。後継選出の総裁選を制した宮沢が政権を握った。

「保守本流の切り札」といわれた宮沢が、遅まきながら政権を担った。だが、就任から一年七ヵ月後の九三年六月、政治改革法案をめぐって自民党が分裂する。大量離党で、内閣不信任案が衆議院で可決した。

宮沢は解散・総選挙に打って出たが、七月の総選挙の結果、非自民八党派連立の細川護熙内閣が発足する。自民党は一九五五年の結党後、三十八年で初めて野党に転落した。宮沢は一度、「自民党最後の首相」となった。

だが、非自民連立政権も、細川内閣が約九ヵ月、後継の羽田孜内閣も二ヵ月の短命に終わった。九四年六月、自民党、社会党、新党さきがけの三党連立による村山首相の内閣が誕生し、自民党は与党復帰を遂げた。

その半年後、沖縄県知事選で大田は再選を果たし、二期目に入った。それから九ヵ月が過ぎた九五年九月、沖縄でアメリカの海兵隊員と海軍軍人の三人が十二歳の少女を拉致して強姦するという事件が発生した。

沖縄県の面積は全国土の〇・六パーセントにすぎないのに、全国の米軍専用施設の七四・八パーセントが集中している。「基地の島」沖縄で、痛ましい事件が起こった。「基地反対」の声が燃え上がる。反基地運動は七二年の本土復帰後、最大規模となった。

早期決着に乗り出したアメリカ

少女暴行事件が発生したとき、知事の大田は二期目に入って十ヵ月を迎えたところであった。九五年九月六日、全国知事会議出席のため、東京に向かった。その朝、那覇空港で県庁の知事公室長から報告を受け、二日前の暴行事件発生を知った。

東京に到着した大田は、在日アメリカ大使館を訪ね、モンデール大使と会見した。事件について正式に抗議する。事態を真剣に受け止めるモンデールは、誠意を込めて謝罪の言葉を述べた。

大田は同じ日、首相官邸と外務省にも足を運んだ。官房長官の野坂浩賢《こうけん》（元建設相）、外相の河野洋平（自民党総裁。後に衆議院議長）が対応した。大田が面会の場面を自著『沖縄の決断』に書き残している。

「何らの謝罪の言葉もなければ、その対応の冷ややかさに愕然とした。外務省では、『このような状況では、地位協定を改定する必要があります』と申し入れたところ、河野外相は、『議論が走りすぎる』と答えたものだ。河野外相といえば、自民党内ではハト派と目されていただけに、私たちは同氏が外相に就任したことに期待を寄せていた。私が知事になった当時、東京の知人に保守政治家の中でどなたにお会いしたらよいかを尋ねたところ即座に河野氏の名前があがったのを記憶していただけに、この外相の発言には、正直いって失望を禁じえなかった」

地位協定は、五一年に締結された日米安保条約に基づいて、主として在日米軍の取り扱いなどを定めた日米間の協定である。五二年に日米行政協定としてスタートし、六〇年の安保改定に伴って日米地位協定となった。

この協定の第十七条五項に、こんな規定があった。

「日本国が裁判権を行使すべき合衆国軍隊の構成員又は軍属たる被疑者の拘禁は、その者の身柄が合衆国の手中にあるときは、日本国により公訴が提起されるまでの間、合衆国が引き続き行なうものとする」

日本が裁判権を有する被疑者でも、アメリカ側が身柄を拘束している場合は、日本側が起訴するまで引き渡さない、と地位協定は定めていたのだ。

大田は衝撃的な少女暴行事件に遭遇して、地位協定改定の必要性を唱えたが、河野が「走りすぎ」と口走ったのは、日米関係重視の外務省路線に沿ったためと思われた。

だが、官房長官だった野坂は、後に自著『政権――変革への道』で、アメリカ政府に日本側での取り調べ実施を申し入れ、併せて地位協定の見直しを求めた、と明かし、てんまつを書き記している。

「交渉の結果、実質的な改定がなされることになったのだ。『刑事裁判手続きの改善に関する日米合同委員会』における合意文書がその成果で、そこには凶悪な犯罪の場合は容疑者の起訴前の身柄引き渡しが可能と書かれている。不幸な出来事によって長年の懸案だった沖縄問題はひとつ解決されることになったわけである。過去、日本政府が何度となく要請してきたにもかかわらず実現しなかった懸案が、勇気ある少女の告発と、それに応えようとした村山政権の気迫の交渉によって解決できることとなった。村山さんの一歩も引かないという交渉姿勢によって、米国側から譲歩を引き出したわけである」

アメリカのクリントン大統領が九五年十一月に訪日する予定だった。実際は訪日の四日前に中止を決めたが、アメリカ側は大統領訪日の前に日米間の懸案を片付ける方針を固め、問題の早期決着に乗り出したのだ。

前掲の『日米同盟半世紀――安保と密約』が舞台裏を解説する。

「日米両政府は十一月に予定されている『日米安保共同宣言』という重要課題を抱えたクリントン大統領の訪日まで、この問題を引きずりたくないと考えたのだろう。重い腰を上げて改善措置をとることにした。ただし、地位協定の改定という抜本策ではなく、その運用の改善という応急措置の手法をとることにした」

司法と捜査の分野の専門家による協議を経て、十月二十五日、日米合同委員会で合意に達した。

大田知事は「代理署名拒否」

村山政権と沖縄県の間には、もう一つ、壁となって横たわる大きな課題があった。先述した沖縄の米軍用地の強制使用手続きに伴う知事の代理署名の問題である。

当時、沖縄には約三万二〇〇〇人の軍用地所有地主がいたが、契約を拒否する約二九〇〇人の土地について、政府は特措法に基づいて強制使用してきた。ところが、読谷村《よみたんそん》の楚《そ》辺《べ》通信所の一部が九六年三月に、それ以外は九七年五月に、民法上の賃貸借契約が期限切れとなる。

契約更新を拒否している地主に代わって、知事が代理署名すれば、特措法に基づく強制使用が認められるが、大田は「基地の整理・縮小」を唱えて知事となったにもかかわらず、一期目の九二年、「整理・縮小に向けた新制度をつくる」という政府側の甘言に乗せられる形で国の強制手続きに応じてしまった。

苦い体験を胸に刻む大田は、少女暴行事件から二十四日が過ぎた九五年九月二十八日、定例県議会での答弁で「代理署名拒否」を公式に表明した。前掲の『沖縄の決断』で拒否の理由と背景の事情を明かしている。

「拒否したのは、少女暴行事件がきっかけだった、というマスコミの解説をしばしば目にすることがあった。それは事実に反する」と断った上で、内実を説明する。

「私が九五年（平成七）秋に代理署名を拒否した最大の理由は、その年の春に出された米国防総省ジョセフ・ナイ国防次官補による『東アジア戦略報告』を読んだのが直接のきっかけだった。その中でナイ国防次官補は、市場としてのアジア・太平洋地域の重要性を指摘し、米軍のプレゼンスは、この地域が米国の世界戦略上欠かせないと述べたうえで、予見し得る将来にわたって、米軍十万人の駐留体制を維持することを言明した」

「アジア・太平洋地域における米軍十万人体制といっても、実質は在韓米軍三万七千人と、在日米軍四万七千人がその主力である。その在日米軍の約六割の兵力が沖縄に置かれ、うち約一万六千人は海兵隊が占める。もし、十万人体制をそのまま維持するのであれば、在日米軍の兵力は、そのまま温存されることになり、沖縄における兵力配備も、削減することは期待できない。これでは、沖縄における兵力と基地機能を、現状のまま固定化し、恒久化することに繋がるのではないか。私は、戦後五十年の節目の年を県民の宿願である、戦後問題を解決する年として位置づけ、基地問題に真正面から取り組もうとしていただけに、『ナイ報告』に大きな衝撃を受けた」

併せて、九月に県議会で代理署名拒否を表明した事情について打ち明ける。

「一一月には、村山首相とクリントン大統領の会談が開かれることになっていた。その過程で、沖縄の基地が固定化されることがないよう、くさびを打ち込むのが、この表明の狙いだった」

村山は九五年の十一月四日と二十四日、米軍用地問題で二度にわたって大田と会談した。

四日の話し合いは五時間に及んだという。

大田は沖縄に残る言い伝えを引きながら、村山に告げた。

「他人に痛めつけられても寝ることはできますが、他人を痛めつけては寝ることができません」

村山は返す言葉がなかった。その場面を自ら回顧している。

「他人を踏み台にして自分の幸せや繁栄を作り上げるのは、基本的に間違っています」

「沖縄県民の立場に立って基地問題に責任を持って対応できる大田知事が代理署名をし、署名した立場からアメリカにいろいろな要求をしていかれるのもいいではないかと思ったこともある。しかし、女子小学生暴行事件があり、沖縄県民の気持ちがよくわかる大田知事に、代理署名をお願いするのは酷だ、と。そこで私は、『沖縄が味わった苦悩を、今度は私が背負います。日米安保条約を締結している限り、基地を提供するのはわが国の義務であり、その義務を怠ることはできません』と、理解を求めた」（以上、村山富市著『村山富市が語る天命の五六一日』より）

村山は国側で強制手続きを取る旨を告げる。大田とのやり取りを、前掲『沖縄の決断』所収の「【証言】村山富市・元首相」で述べている。

「私は知事が就任後、公告・縦覧代行をする際、大変苦渋の決断をされたという当時の経緯を関係者から聞いていただけに、今回また知事に代理署名をお願いするのは無理だと思った。『今度は私がやらざるを得ない。必要な手続きをとらせてもらうことになるが、その点は理解してほしい』と話したところ、知事は、『政府と争う意思はない』といわれた」

「正月の青空を見て人心一新」と村山富市

村山は九四年六月、自民党総裁の河野との会談で「自社連立で首相を」と持ちかけられて引き受けたが、第一党の思惑と計算で担がれた小党の首相である。就任前、自ら権力の座に就くことなど、想像したこともなかった。就任後も「なりたくて首相になったわけではない。いつ辞めてもいい」が口ぐせで、権力への執着心は乏しかった。

七月の参院選で、連立与党三党が大幅議席減となる。そのころから「辞め時を模索する村山首相」という憶測が流れ始めた。

だが、村山は大田との一回目の会談の後、十一月十五日から大阪で開催されたアジア太平洋経済協力会議（APEC）でホスト役を務めた。二十八日に「冷戦後の日本の防衛力整備の新指針」と題する防衛計画の大綱を閣議決定した。

十二月十九日、世論の反対を受けて難航を極めていた住宅金融専門会社（住専）の問題で、住専七社の不良債権処理のために九六年度予算での六八五〇億円の財政資金の投入を決める。九五年十二月二十五日にその処理策を含む九六年度予算の政府案を決め、併せて行政改革大綱もまとめた。

表面上は処理すべき課題を片付け、九六年も引き続き政権を担う覚悟かのように見えた。ところが、村山は退陣の決意を固め、そのシナリオを書いてひそかに進めていたのだ。

誰よりも先に村山から決意を聞かされたのは、自社さ連立樹立の盟友だった武村正義蔵相（元さきがけ代表）である。インタビューで思い出を語った。

「九五年七月の参院選の直後、本気で辞める気でした。その後も首相官邸に行くと、何度か『辞めたい』『疲れた』と真意を漏らした。APECの開催の前にも『辞めたい』という話があった。クリントン大統領の九六年四月の来日が決まっていたから、私は『辞任は日米首脳会談が終わってからにして下さい』という言い方で激励したこともありました」

年末の予算編成の時期が近づいた。武村の証言が続く。

「村山さんは『予算編成が終わったら辞めたい』と、また口にしました。次にどこかで私と二人だけのとき、『本当にもう持たない』と言った。私は『それなら一度、真剣に相談しましょう』と言って、伊豆で相談したんです」

村山が事前に辞意を明かして相談したのは武村だけだった。九五年十二月二十九日に村山の静養先の伊豆長岡（現静岡県伊豆の国市）の旅館「三養荘」に出向く。武村が振り返って述べる。

「これ以上は無理、と思ったから、辞任を前提にいろいろと相談しました。村山さんは本当は『年末に辞める』と言ったけど、みんなが静かにしているときに急に発表したら大変なことになる。新年四日の伊勢神宮参拝の後の記者会見でという話も出たが、主要な記者がいなくて若手ばかりだから、五日に、と決まったのです。村山さんは野坂さんにも言わない。私も誰にも言わず、一週間、秘密を守りました」

ただし、村山本人は前掲の著書『村山富市が語る天命の五六一日』で伊豆長岡での武村との密談の事実を否定している。

「暮れも押し迫った十二月二十九日、私が正月休みで静養していた伊豆長岡の旅館『三養荘』に武村代表を呼んで、辞任の最後の相談をしたと喧伝されたが、そんな話はない。電話でいろいろ話をしてきたふたりだ。わざわざ伊豆まできてもらう必要はなかった」

村山は九五年十二月三十一日の夕刻に首相公邸に戻った。年が明けて九六年一月四日、日帰りで恒例の伊勢神宮参拝に出かけた。退陣の決意を胸に秘めたまま、「景気回復や不良債権処理、クリントン大統領訪日など、国内的にも国際的にも多くの課題を抱えており、全力を挙げて国民の期待にこたえる」と型どおりの「首相談話」を述べた。

翌五日、退陣表明の記者会見の席に臨む。武村との打ち合わせどおり、「元日にお正月の青空を見て人心一新を決意した」と、さらりと言ってのけた。

橋本龍太郎に後事を託す

自民党では九五年九月に総裁が河野から橋本に交代した。もともと連立三与党の政権奪取戦略に沿って暫定首相として擁立されたという自覚がある村山は、後任首相は第一党の自民党の総裁、と早くから決めている。

橋本への連絡役は武村が引き受けた。九六年一月四日の夜十時ごろ、武村は赤坂の東京全日空ホテル（現ANAインターコンチネンタルホテル東京）にひそかに橋本を呼び出した。

「退陣表明は明日。それまで黙っていて下さい」

武村が告げる。橋本は何も言わずに帰っていった。

首相辞任の決断について、村山は『村山富市が語る天命の五六一日』に書き残している。

「総理大臣の辞任は誰にも相談せず自分で決めた。人に相談してみても、いろいろな意見があってなかなか決まるものではない。やはり、進退は自分の判断で決める以外なかった。そういう意味で総理は孤独なものだ」

沖縄問題は社会党委員長としても気がかりだったはずだ。こんな回顧談を残している。

「沖縄問題は、これまでの経緯も踏まえて、誠心誠意、沖縄の皆さんに償いをするような気持ちで取り組む必要がある。だれがやっても、そう変わったことができるわけじゃない。沖縄問題は、ある程度沖縄の皆さんの理解を得ながら、期待にこたえられるような努力もして、何らかの決着をつけながら進める以外にない。こういう気持ちは強くあった。だから、日本政府と沖縄と協議する機関もつくって、処理する道筋をつけたから、その道筋の中で、政府を挙げて努力する姿勢でずっと臨めば、何らかの打開の道は開けるんじゃないかと思っていた。だから、それをやらずに、やめたことは、僕としちゃたいへん心残りだったな」（村山富市談・インタビュー辻元清美『そうじゃのう……』より）

村山は第一党の自民党の総裁である橋本へのバトンタッチのレールを敷き、自ら首相交代のタイミングを図った上で、退陣を決めた。心残りだった沖縄問題も、橋本に申し送り、後事を託した。大田の著書『沖縄の決断』に、首相辞任と沖縄問題に関する村山の寄稿文が収録されている（第四章の「証言村山富市・元首相」）。

「党自体の足元がぐらつき、その後の政治課題を考えた時、これ以上は支えきれないという力の限界を感じて、年末あたりから退陣のことを考えた。沖縄問題については、ずっと気になっており、後任の橋本さんには、心をこめてよろしくお願い申し上げた」

片山元首相に次いで史上二人目の社会党首相は一月十一日、在任五百六十一日の記録を残して政権の座を降りた。

第4章 橋本龍太郎の賭け
——普天間返還の浮上

首脳会談に臨む橋本龍太郎首相とビル・クリントン米大統領。1996年2月23日（ロイター＝共同）

梶山官房長官起用の舞台裏

一九九六（平成八）年一月十一日、国会で首相の指名が行われ、首相が社会党委員長の村山から自民党総裁の橋本に交代した。

橋本は六二年に死去した父・橋本龍伍（元厚相）の地盤を引き継いで、六三年の総選挙で衆議院議員に初当選した。厚相、運輸相、自民党幹事長、蔵相、政調会長、通産相などを歴任し、九五年九月、辞任した河野の後継選出の総裁選で小泉を破って自民党総裁となった。通産相のまま、村山内閣で副総理を兼務し、村山退陣で首相の座に到達した。

組閣は翌日の九六年一月十二日だったが、橋本は十一日の夜、自民党本部の総裁室に幹事長の加藤と幹事長代理の野中広務（後に官房長官）を呼んだ。野中が御厨貴・牧原出編『聞き書　野中広務回顧録』で舞台裏を明かしている。

「『頼みがあるんだよ』と橋本さんが言う。『何ですね？』と言ったら、『いやな、明日が組閣だけどな、加藤さんとあんたに任すから、決めといてくれないか』と言う。『なに言うてるんですか、あんた。総理になって初めての組閣を』と言ったら、『俺なあ、これからもう帰ったら遅くなるし、今夜早く寝ておかなければ、明日は朝から引きずり回される。そんなところで組閣とか言えないし、宮中に行って認証をもらったら、帰ってきてそれから組閣作業に入る。そうなったら落ち着いて物を考える余裕なんてなくなる。頼むから、俺が一任するから、加藤さんとあんたでやってくれよ』と言ったんですよ」

自社さ連立政権の継続で、村山と武村に代わって、社会党書記長の久保亘が副総理兼蔵相、さきがけ副代表の田中秀征が経企庁長官で入閣した。

政権の大黒柱を担う官房長官には梶山静六（元通産相、自民党幹事長）が起用された。経緯は田﨑史郎著『梶山静六　死に顔に笑みをたたえて』が詳しい。

「梶山を官房長官に推薦したのは、元首相中曽根康弘であることは広く知られている。だが、橋本の梶山起用に決定的な影響を与えたのは別の人の進言がきっかけだった。『野中さんが、幹事長代理を引き続き務めるなら、官房長官には梶山さんをお願いしたい、と頼んできた』」

橋本は党運営、国会対策に疎かったため、野中がその方面に通じた梶山の起用を望んだという。

橋本政権の誕生で、九三年八月以来、二年半ぶりに自民党首相が復活した。非自民の細川、羽田、村山の三首相が期待外れだったことも影響して、橋本待望論は強かった。就任直後、内閣支持率は六一パーセントに達する。この時点で、七一パーセントの細川内閣、六二パーセントの田中内閣に次いで戦後第三位を記録した（朝日新聞の世論調査）。

「この方となら率直にお話ができる」

自社さ連立を引き継いで政権を担った橋本は九六年一月二十二日、衆参両院で就任後初の施政方針演説を行った。課題だった「不良債権問題の解決」「構造改革の推進」「行財政改革」などと合わせて、「友好的な二国間関係の発展」と題して日米関係にも言及した。

「沖縄の米軍施設・区域の問題については、日米の信頼の絆を一層深いものとするためにも、また長年にわたる沖縄の方々の苦しみ、悲しみに最大限心を配った解決を得るためにも、(中略)沖縄の米軍施設・区域の整理・統合・縮小を推進するとともに、騒音、安全、訓練などの問題の実質的な改善が図られるよう、誠心誠意努力を行ってまいる決意であります」

初の施政演説で首相自ら沖縄の米軍基地問題を取り上げたのだ。

知事の大田は上京し、翌二十三日、首相官邸で橋本と会談した。橋本は長い政治歴を持つ政策通の政治家だったが、大田とは初対面だった。五百旗頭真・宮城大蔵編『橋本龍太郎外交回顧録』の中で、その場面を振り返っている。

「大田さんも『どんな奴だろう』と思っておられたと思うのですが、たまたまご自分の著書の話から始まったものですから、場の雰囲気もある程度ほぐれて、そうしたら四事案にはまったく触れられずに、普天間の話を非常に熱心にされたわけです。しばらくは見ていませんでしたが、普天間の場所、状況は大体のことは理解していましたから、彼の言うことも『それはそうだな』と非常に素直に聞けちゃったものですから、これは本当に頭に残りました」

二人の会話で話題に上った大田の著書は『沖縄の帝王　高等弁務官』である。「四事案」とは、米軍による県道越え実弾射撃訓練の中止など、沖縄県が基地に関して強く要望していた四つの案件であった。

大田も前掲の『沖縄の決断』で橋本との初顔合わせを回想している。

「私が応接室で待っていると、おそらくは秘書が合図をしたのだろうが、ご本人が出てきて『どうぞどうぞ』と招き入れてくれた。背広の上衣も取っておられたのが気やすく思われた。（中略）当時、私は村山前総理から提訴され、国とは対立する関係にあったが、そのような気まずい雰囲気をうち消すように気さくな態度をとられた。したがって最初の会談から、『この方となら率直にお話ができる』という気がしてほっとした」

「村山の提訴」は、駐留米軍用地の強制使用手続きに伴う知事の代理署名に関し、大田の署名拒否に対して、国側が駐留軍用地特別措置法の強制手続きを執行して土地の確保を目指した点を指している。

沖縄問題を心に刻んで首相就任

橋本は首相就任前から沖縄には特別の思い入れがあった。議員初当選の二年半後の六六年四月に結婚したが、夫人となった橋本久美子が思い出を語った。

「結婚前、お見合いをして、まあいいかなあとお互いに思い始めたころ、『沖縄に行ってくる』と言って出かけました。当時の佐藤首相に『沖縄をよく見てこい』と言われて、小渕さんと二人で行った。それが初めての沖縄だったと思います」

小渕恵三は橋本退陣後に政権を引き継いで首相となるが、当時は橋本とともに六三年十一月の総選挙で初当選した自民党佐藤派の一年生議員だった。

橋本は沖縄ともう一つ、「隠れた縁」があった。橋本久美子が言い添えた。

「沖縄に出かける前、学生のころに、戦前の対馬丸事件の関係者が父親を訪ねてきました。そのときに父から聞いた悲劇の話が深く心に残っていたのです」

戦争中、「沖縄決戦」が予想されていた四四年八月、沖縄県在住の学童の本土疎開が半強制的に実施され、約一五〇〇人を乗せた疎開船の対馬丸が出港したが、直後にアメリカの潜水艦の魚雷攻撃を受け、沖縄近海で撃沈された。だが、厳しい箝口令が敷かれ、撃沈の事実は伏せられた。七十四年後の今も、正確な乗船者数、犠牲者数とも不明だという。

橋本が慶応義塾大学法学部の学生だった五八年、沖縄県出身の大浜信泉《のぶもと》（当時は早稲田大学総長）の紹介で、対馬丸事件の遺族たちが、岸内閣の厚相兼文相だった父・龍伍と面会するために橋本の自宅を訪れた。橋本自身が首相在任中の九六年九月十六日に沖縄コンベンションセンターで行った講演で述べている。

「正直に申しますと、私はそのときまで、この対馬丸事件というものを全く存じませんでした。その晩、父から千四百名余りの方々が犠牲になられた、この沖縄の悲劇の話を食事のとき聞かされました。そして、その父がしみじみとその話をしながら、最後に『沖縄県には恐らくまだこうした問題が残っているに違いない、こうした問題を放っておいてはだめだ、政治が解決しなければならない』と怒りをもって強い口調でつぶやいておりました姿を、今も脳裏に残しております」（「政治家橋本龍太郎」編集委員会編『61人が書き残す政治家橋本龍太郎』所収・「橋本語録『沖縄を意識したのは対馬丸事件を知ってから』」）

橋本は沖縄問題を心に刻んで首相に就任したのだ。

橋本政権の船出は順調だった。だが、前政権から受け継いだ「負の遺産」の処理で逆風を浴びた。

村山内閣が六八五〇億円の財政資金投入を決めた住専七社について、就任一ヵ月後の九六年二月九日、住専処理法案を国会に提出したが、国民の批判は強かった。内閣支持率は三月に四〇パーセント近くまで下落した。

橋本は巻き返しに懸命となる。首相就任から四十四日が過ぎた二月二十三日にロサンゼルス郊外のサンタモニカでクリントン大統領との初の日米首脳会談が設定された。この会談で一発逆転の賭けに挑んだ。沖縄の米軍普天間飛行場の返還問題を持ち出したのだ。

「出さないことに」と一度は判断

その数日前、財界人の諸井虔《けん》（当時は秩父小野田会長）が、琉球銀行会長の崎間晃を通じて、大田に「二人だけで会いたい」と申し入れた。那覇市の「パレス・オン・ザ・ヒル」というホテルの特別室で面会した。大田が前掲の『沖縄の決断』で回想している。

「『私は総理に助言できる立場にある。米側に何を一番訴えたいのか率直に言ってほしい』というお話であった。私はまず、アジア・太平洋地域における米軍の十万人体制とか在日米軍四万七千人体制とかが日米共同宣言にうたわれると、沖縄の基地がますます強化・固定化されるおそれがあるので、それは何としても避けてほしい、と申し上げた。ついで、県は基地問題の解決については、いわゆる『三事案』にしぼって要求している。しかし最も人命にかかわる危険が大きいのは海兵隊の普天間飛行場であり、もしそこで人命にかかわる事件や事故が起きれば、もはや行政がコントロールできないほど、急激に県民の反基地感情が高まるのは明白だ。したがって日米の友好関係を維持したいのであれば、普天間基地の返還を最優先にすべきだとお話した」

諸井も『沖縄の決断』所収の「【証言】諸井虔・太平洋セメント相談役、地方分権推進委委員長」で経緯を述べている。

「少女事件の後、本土と沖縄の経済界の集まり『沖縄懇話会』で、しばしば沖縄のことが話題になり、われわれが何かお役に立てることはないか、と話し合った。今できるとすれば、大田知事と会って、その真意を直接、橋本総理にお伝えすることではないか、という結論になった。（中略）事前に総理にいわれたわけではなかった。私は大田知事と二人だけでお会いし、『知事のおっしゃることを、そのまま総理にお伝えします』と申し上げた」

「私は東京に帰ってすぐ秘書官に電話し、『極秘で総理にお会いしたい』と申し上げた。ちょうど、自民党の行政改革推進本部の会合に橋本総理がお出になり、挨拶を終えて退席されたのを見計らって私も席を立ち、予定通り総裁室に伺った。私は大田知事の発言要旨をワープロで二枚程度にまとめたのをお渡しし、口頭で普天間返還の要望についてご説明した」

諸井は訪米直前の橋本と自民党本部の総裁室で会って、普天間返還の大田の要望を伝えた。部屋を出るとき、報道陣から用向きを尋ねられ、「地方分権のことをお願いした」とごまかした。

橋本は外務省と防衛庁（現防衛省）の担当者を呼んで相談した。防衛庁防衛局長の秋山昌廣（後に事務次官。大蔵省出身。現東京財団理事長）と外務省北米局審議官の田中均（後に外務審議官。現日本総合研究所国際戦略研究所理事長）が首相官邸に出向いた。田中が回顧している。

「一九九六年二月半ばであったと記憶するが、橋本総理は防衛庁秋山防衛局長と外務省北米局審議官の私に官邸に来るよう指示された。総理は唐突に、『自分は二月二十四日に予定されるサンタモニカでの日米首脳会談で沖縄普天間米軍基地の返還を持ち出そうと思うが、どう思うか』と切り出された。咄嗟に私は『幾つか考えるべきことがあります。第一に普天間基地は海兵隊の有事対応のための中核的基地であり、この返還は日本の安全保障上極めて難しいと思います。ましてや総理大臣が米国大統領との会談で何の根回しなく、突然持ち出すことは日米関係の信頼にもとることになると思います』。秋山局長も同趣旨の意見を述べられた。翌日再び呼ばれて官邸を訪れた私たちに橋本総理は、『君たちの意見の通り、出さないことにしたよ』と述べられ、私たちはこの問題はこれで終止符が打たれたのだと思った」（以上、前掲『61人が書き残す政治家橋本龍太郎』収録の田中均執筆「田中さん、良い仕事をさせてくれて有難う」）

クリントンから水を向けられた橋本

橋本は外務・防衛の事務方の進言と諸井の提言の両方を胸に収めてサンタモニカに赴いた。

「初めての日米首脳会談の席上、この普天間の問題をテーブルにのせることは、政府部内で賛成者は一人もありませんでした。私自身が非常に迷いながらサンタモニカまで行きました」

首相退陣後の二〇〇三年十月二十一日に行った「沖縄クエスチョン２００４日米同盟」での基調講演で、橋本が明かしている（前掲『61人が書き残す政治家橋本龍太郎』所収・「橋本語録『政府内の同意ないまま〝普天間〟口にした』」）。

首脳会談が始まった。

橋本は会談の八ヵ月前の一九九五年六月、首相就任前に通産相として日米自動車交渉を担当した際、激しくやり合い、貿易摩擦で初めてアメリカ側の要求をはねつけて決着させた。クリントンは橋本を「ごり押しの親玉」と見て警戒している面があった。

ところが、予想に反して、息が合った。橋本が『橋本龍太郎外交回顧録』で述べる。

「はじめは、両方とも渡されたペーパーからあまり逸脱しなかったのではないかと思います。ところが半分ぐらいのところで、『この男、とても真剣に人の話を聞くな』と私も思いましたが、彼もどういうふうに受け止めたのか、『橋本、本当にそれだけか。もっとあるんじゃないのか。初めての会談だから、ある問題がもし残っているのなら、遠慮しないで出せよ』と彼のほうから言ってくれたのです」

現地時間の九六年二月二十三日、サンタモニカでクリントンから水を向けられた橋本は、迷いを断ち切り、思い切って普天間問題を持ち出した。

「現地から出てきている問題、それは普天間基地の返還という問題があると。あなたがそれを聞いてくれたから、私はここでテーブルに載せる。そのうえで、軍事的に見て簡単な問題でないことは私も分かっている。だから、こういう声が現地にあるということを今日は紹介するに止めたい。そしてそのことをあなたにそういうかたちで伝えたことを、記者会見で言わせてもらいたいと」

クリントンはどうこたえたか。橋本の回顧が続く。

「そうすると、むしろ誠実に彼が答えてきたのは、確かに非常に大事な問題だから、この問題は事務的に議論させようと。大事な問題であることはよく分かっている、というかたちで引き取ってくれたことです」

二ヵ月後の四月十六日、今度はクリントンが訪日して橋本と日米首脳会談を行うことが決定済みである。

もともと橋本・クリントン会談では、日米安保体制の「再定義」が最大のテーマだった。東西冷戦の終結から六年が過ぎ、冷戦後の世界情勢の下で日米安保体制をどう位置づけ、どんな新しい意味を持たせるかという問題である。安保条約の文言に修正を加えずに、冷戦後の状況に合わせて、安保体制の意義を定義し直すことになり、その作業を「再定義」と呼んだ。

振り出しに戻った「安保再定義」

準備作業は一年半前の九四年の秋から始まった。議論の出発点はアメリカ側にあった。九月に国防次官補に就任したハーバード大教授のナイが十月、ハーバード時代からつきあいがあった日本通のエズラ・ボーゲル教授を伴って来日し、外務省の時野谷《ときのや》敦《あつし》北米局長（後にタイ大使）ら関係者と会談した。再定義をめぐる交渉が始まった。

九五年二月、アメリカの国防総省は「東アジア戦略報告」（ＥＡＳＲ）を発表する。日米など二国間同盟の重視、冷戦後の日米安保の必要性、アジア・太平洋を始めとする平和と安定の維持などを強調した。この報告はナイ提案に基づいて作成されたため、「ナイ・イニシアティブ」と呼ばれた。

再定義をめぐる交渉が、ナイらアメリカ側と日本の外務省北米局との間で始まった。日本の村山内閣とアメリカのクリントン政権の間でひそかに進められたこの作業は順調に運んだ。九五年十一月にクリントンが大阪で開催されるAPECに出席した際、村山との日米首脳会談で決着させ、日米共同宣言で安保再定義をうたう計画だった。

再定義のための日米共同文書についても、九五年夏にアメリカ側で草案ができ上がり、日本側に提示された。外務省、防衛庁とも大筋で合意する。対案を示す直前まで行った。

ところが、狂いが生じる。九月の米兵少女暴行事件の発生で、先に日米地位協定の運用改善問題を解決しなければならなくなった。一度はゴーサインを出した村山も、世論の反発を気にして、「安保の拡大」と受け取られかねない再定義に難色を示し始めた。

仕切り直しとなる。さらにクリントンが九五年十一月の訪日を中止した。九六年一月には村山内閣が総辞職する。再定義問題は振り出しに戻った。

橋本の登場で、一度、延期となったクリントンの訪日も、九六年四月十六日からと決まった。それをにらんで、やり直し作業がスタートした。

一月中旬、日米の当局者がアメリカの西海岸に集まり、協議を再開した。九五年十一月発表の予定だった共同宣言案を放棄する。九六年四月の東京での首脳会談の直前に新しい宣言を作成することになった。

だが、橋本が二月にサンタモニカで普天間問題を持ち出したため、四月の首脳会談で、安保再定義と普天間問題の二つのテーマを決着させなければならなくなる。普天間問題のアメリカ側の実務担当者は国防省のカート・キャンベル次官補代理らであった。交渉に当たった外務省の田中審議官が書き記している。

「その後、クリントン訪日までの二ヶ月の間、橋本総理の厳重な指示のもと、私たちは米側のカート・キャンベル達と何回も秘密の会合を重ね、日米間の合意にたどり着いたのである。本来合意はクリントン大統領の訪日に先立ち2プラス2（日米間の外務・防衛大臣会合）で訪日するペリー国防長官と橋本総理の間で発表されることになっていたのだが」（前掲『61人が書き残す政治家橋本龍太郎』収録の「田中さん、良い仕事をさせてくれて有難う」）

クリントンよりも一足先に、2プラス2に出席するため、アメリカのウィリアム・ペリー国防長官が訪日する。普天間をめぐる日米合意は、クリントン訪日前に橋本とペリーの間で発表する計画であった。

橋本も本音を吐露する。

「私は実は普天間を移すという、県内移設を前提にした答えが返ってくる確率はゼロではないと思っていました。日本側はまったく誰もそれを信用してくれなかったのですが、頭の体操をしていくと、どうしてもそこに一つ出てくる可能性を排除できないのです」（前掲『橋本龍太郎外交回顧録』）

「普天間が返還される。漏れたら死刑だ」

「橋本首相は『沖縄問題が日本にとって最重要課題』と言って出発したんですよ。これは沖縄に対する熱情です。官僚は外務省だけでなく、日米とも、普天間返還は無理と思っていたんでしょう」

官房長官の梶山から頼まれて、九六年十月から首相補佐官を務めた岡本行夫（元外務省北米局北米一課長。現外交評論家）がインタビューに答えて振り返った。

普天間移設は九五年九月の少女暴行事件が発端だったが、アメリカ政府も敏感に反応した。事態を深刻に受け止めるモンデール大使は、十月に村山内閣の河野外相と会談し、新たな協議機関の設置で合意した。一年の期限付きで、日米による「沖縄に関する特別行動委員会」（SACO）が新設された。

十一月、SACOの協議が始まったが、普天間返還は議題に入っていなかった。SACOのメンバーであるアメリカの国務、国防の両省、日本の外務省、防衛庁とも、早期返還は無理と見ていたのだ。

ところが、九六年二月の日米首脳会談で、普天間が議題として浮上した。日米間で「返還合意」の準備作業がスタートした。

ＳＡＣＯは沖縄の基地返還を協議する表舞台だったが、交渉は難航した。後に野田佳彦内閣で防衛相となる森本敏（現拓殖大学総長）が著書『普天間の謎　基地返還問題迷走15年の総て』で解説する。

「二月二七日のＳＡＣＯ作業部会で、日米両国は整理・縮小を求める個別の基地の検討に入った。だが、ＳＡＣＯにおいて普天間基地は、一部機能の移転については検討されたものの、これまでの交渉と同様、全面的な返還が交渉のテーブルに載ることはなかった」

「三月二一日、ワシントンで開催されたＳＡＣＯ作業部会では、普天間基地の全面返還は『長期的に解決を目指すべき課題』とされた。それでも、二二日に大田沖縄県知事が橋本首相と会談し、普天間基地の早期返還を要求した際、橋本首相は『現状は厳しい』と回答している」

だが、首脳会談後、舞台裏で外務省の田中とアメリカ国防省のキャンベルが秘密の会合を重ね、日米の合意にたどり着いた。

朝日新聞でアメリカ総局長や主筆を務めた船橋洋一（現日本再建イニシアティブ理事長）が著書『同盟漂流』で克明に追跡して内幕を描いている。

「米側が日本側に普天間基地返還の計画案を書面で示したのは三月二一日だった。その日、米国防大学で日米双方は日米安保共同宣言案や『物品役務相互提供協定』（ACSA）の文案を煮詰める作業をした。その後、ごく少数のものだけが、国務省六階のトマス・ハバード国務次官補代理のオフィスに集まった。国防総省で会うと目立つとの理由で、国務省にした。サンタモニカでの首脳会談からほぼ一カ月が過ぎていた。三月二三日、田中は一人で公邸に赴き、計画案を橋本に手渡した」

橋本は「そうか、ようやくだなあ」と感慨にふけったという。

首相の首席秘書官だった江田憲司（後に民進党代表代行）も、自身のホームページ〈「今週の直言　執念の合意、移設先で迷走…『普天間返還、沖縄の強い希望だ』（96年2月橋本首相）」二〇一五年六月二十九日公開〉で回想する。

「大統領は会談（九六年二月の日米首脳会談＝筆者註）の三日後、当時のペリー国防長官に返還に向けた調整を指示した。日本にとって幸運だったのは、ペリー氏が沖縄での従軍経験があったことだった。それが奏功し、三月下旬には外交ルートを通じて『普天間を返す』と伝えてきていた」

三月二十三日の土曜日、橋本は田中から普天間返還の計画案を受け取った。外相の池田行彦（後に自民党政調会長、総務会長）がその内容について報告を受けたのは、週明けの二十五日だったようだ。

橋本は四月初め、防衛庁の秋山防衛局長を首相官邸に呼んだ。

「普天間が返還される。情報は防衛局長にとどめ、絶対に口外するな。漏れたら死刑だ」

そっと告げる。秋山自身がその場面を回顧して書きつづっている。

「内容にびっくりしただけではない、口外してはいけないということは、次官、大臣に話せないということだ。しかし、役所に戻って信頼する部下二人を呼び入れて話をする。どうすべきか、何か総理に言うべきことはあるか、問題が何か等それこそ鳩首協議し、翌日私は総理を訪ね、いくつか重要なポイントをお話しした」（前掲『61人が書き残す政治家橋本龍太郎』収録の秋山昌廣執筆「普天間が返還される。口外するな」）

飛び出したスクープ記事

クリントン来日は四月十六日の予定だった。九五年十一月の訪日中止で先送りされた日米安保体制の再定義による共同宣言と、SACOの中間発表を打ち出す計画である。併せて普天間返還も正式に表明するというストーリーを想定し、日米間で調整を重ねてきた。

ところが、クリントン訪日を四日後に控えた四月十二日、異変が起こった。

「普天間基地、五年内返還　日米政府が基本合意」

日本経済新聞が朝刊の一面トップで報じた。「ワシントン11日＝宮本明彦」と明記されたスクープだ。記事を書いたのはワシントン支局の宮本記者で、九六年の新聞協会賞に輝く。後に日本経済新聞社の常務執行役員・名古屋支社代表となった。

「日米両国政府はクリントン米大統領の来日に合わせ協議を進めている沖縄米軍基地の整理・統合・縮小問題で、焦点となっている普天間基地の返還を五年以内をメドに実現することで基本的に合意した。日米関係筋が11日、明らかにした」

この日、梶山官房長官は記者会見で質問を浴びた。

「私の官邸のアンテナには、その電波は入っていない」

梶山は回答したが、多数の関係者から得た証言を基にした前掲の『普天間の謎』は、「関係者の話を併せ考えると、これは官邸からのリークであった可能性がある」と指摘している。

一方で、こんな分析もある。

アメリカは最終的に普天間返還に同意したが、実際は九六年三月に一時、ホワイトハウスや国務省、国防総省から普天間返還の反対論や延期論が噴出したという。原因は、にわかに高まった中国と台湾の軍事的緊張であった。

三月八日、中国の人民解放軍が台湾北部の基隆沖と南部の高雄沖の演習海域で計三発のミサイルを発射した。さらに十二日から二十日まで、台湾海峡の南部海域で大規模の実弾演習を実施した。それに対して、アメリカ軍が空母「インディペンデンス」を派遣して対抗する。中台危機が発生した。

アメリカ政府内で普天間基地の継続維持を唱える声が上がる。大統領補佐官（国家安全保障問題担当）だったアンソニー・レークは返還決定延期論に傾斜した。

そんな時期に日本経済新聞のスクープが飛び出したのだ。前掲の『同盟漂流』がアメリカ政府内の隠れた動きを伝える。

「レークはそれを伝えるホワイトハウス幹部に対し、『これで、決まりってわけか』と、不愉快そうに言い捨てた。ホワイトハウス慎重派の土壇場での巻き返しを怖れた普天間基地返還推進派がリークし、既成事実をつくり、見切り発車に持ち込もうとしたのではないか、と勘ぐったのである」

橋本自身が首相退陣後に語った回顧談によれば、クリントン大統領よりも一日早くペリー国防長官に来日してもらい、日米首脳会談の前に、ペリーと一緒に普天間返還を発表する計画だったという。

「ごく限られた人数で整理をして、ペリーさんが来られて発表するつもりだったのが、二、三日の差で『日本経済新聞』にワシントンで抜かれたのです。それがあとで非常にトラブルの元になりました。防衛庁、外務省首脳、さらに県に対する連絡が遅れたと言われる原因になりました。それが完全に抜かれていればそれもまたひとつだったのですが、妙な恰好で抜かれたものですから、急遽モンデールさんからペリーさんに了解をとっていただいて、モンデールさんと私で発表することに」

「一〇日ぐらいの余裕を見ていたものが、一週間ぐらいで抜かれたということです」（以上、前掲『橋本龍太郎外交回顧録』）

舞台裏で協議を重ねてきた外務省の田中は、正式発表の直前にスクープ記事に遭遇して慌てた。

「これだけ保秘に神経を尖らせてきた私たちにとっては青天の霹靂《へきれき》である。『ああ、橋本総理にしかられるな』とナポリサミットの場面を思い、暗い気持ちで官邸に総理を訪ねたところ、総理は怒ることもなく、新聞に出た以上、今日中に正式発表をするので段取りを整えてほしいという指示をされた」（前掲『61人が書き残す政治家橋本龍太郎』収録の田中均執筆「田中さん、良い仕事をさせてくれて有難う」）

防衛庁の秋山も新聞報道に驚愕した。「私はその直後に、次官と大臣に経緯を説明した。臼井日出男防衛庁長官は大変な紳士で、ただ、『そうか』と言ってお許し下さった」と打ち明ける（前掲「普天間が返還される。口外するな」）。

当時の事務次官は防衛庁生え抜きの村田直昭であった。

普天間返還合意でボタンの掛け違え

橋本は四月十二日の昼過ぎ、沖縄県庁にいた大田知事を電話口に呼び出して自ら告げた。

「普天間を返させることになった。ただ、それには代替基地が必要になるかもしれない。県も協力してほしい」


大田は自著『沖縄の決断』で、「青天の霹靂というに等しい提案だった。私は咄嗟にこう答えていた」と前置きして、橋本との電話の中身を書き記している。

「『返していただくのは大変有り難いです。ただ代替施設ということになると、重要なことですので三役会議などに図る手続きが必要です。私の一存だけでは……』。


その言葉を言いも終わらぬうちに、橋本総理はムキになった口調で遮られた。

『自分だって、連立を組んでいるが、自分の一存で決断した。五分後にはモンデール駐日大使が来ることになっている。そんなゆとりはないよ』」


大田は言葉を選んで述べる。

「『協力すべき点は積極的に協力いたしますが、しかし協力できないこともあります』

私がそう申し上げると、橋本総理は、それを了解と受け止められたのか、『知事は英語ができるから、モンデールさんと直接話してほしい』とおっしゃった」

モンデールは四日前の八日、首相官邸を訪れ、普天間返還に関するアメリカ政府の正式な決定を橋本に伝えた。官邸側は十二日の午後、「首相と駐日大使で共同記者会見を」とアメリカ大使館に申し入れを行った。モンデールはすぐにペリー国防長官に電話して意向を確かめる。ペリーも異存はなかった（前掲『同盟漂流』参照）。

橋本の招きに応じて、モンデールが首相官邸に足を運んだ。橋本の脇で、モンデールが大田と電話で話をした。大田が前掲の『沖縄の決断』に続けて書いている。

「私は、『普天間を返還して下さるとお聞きしました。感謝いたします』と申し上げた。モンデール大使は、『私も嬉しいです』と答えられて電話は切れた。その間、わずか数分のことであった」

十二日の午後七時のＮＨＫテレビのニュースにぶつける形で橋本・モンデールの共同記者会見が設定され、全国に生中継された。

「普天間飛行場の五〜七年以内の全面返還」「沖縄の米軍基地内への新しいヘリポート建設」「嘉手納飛行場の整備と普天間の一部機能の移転と統合」「普天間の空中給油機の山口県・岩国基地への移転」などを内容とする返還計画に日米が合意したと発表した。

首相秘書官だった江田が政権発足三ヵ月後の橋本内閣の状況について述べている。

「四月に起死回生が放たれました。沖縄の『普天間基地全面返還』です。（中略）まさに

『ザ・総理』のリーダーシップ、『橋本総理の顔が初めてみえた』と評価されたものです。（中略）四月になって突然、総理のリーダーシップで返還されることが決まった。それでまた支持率が六〇%を超えたわけです」（江田憲司・西野智彦著『改革政権が壊れるとき』）

だが、九六年四月の普天間返還の日米合意では、最初から代替地への移設が前提だった。事情に詳しい岡本が指摘した。

「外務省は代替地についてろくに考えていなかった。施設を造る防衛庁には発表のわずか一週間前に、沖縄県には事前に伝えていなかった。普通は沖縄県を『同志』にして、代替地は県との共同作業で準備しなければいけないのに、安全保障は国が決めて関係自治体に通知すればいいんだという意識が当時の外務省にはありましたね」

日米が合意した普天間返還はもともと無条件ではなかった。代替のヘリポート建設とセットで、県内移設が前提だった。

基地提供は日本政府の責任だが、橋本政権は代替地問題を後回しにした。沖縄県とは事前に合意するどころか、何の協議もせず、対米交渉だけで、いきなり普天間返還を打ち出したのだ。

その後、普天間返還と移設問題は二十二年以上にわたって迷走を続け、未解決のまま現在まで持ち越されることになる。ボタンの掛け違えの第一は、代替地探しで事前に沖縄県と合意しないまま、日米両政府が普天間返還に踏み出したことであった。

嘉手納統合案は頓挫

代替地として最初に候補に上ったのは、嘉手納《かでな》弾薬庫付近であった。だが、早くも四月二十日、嘉手納町で移設反対の町民大会が開催された。

一方、沖縄本島東部海岸の中城湾《なかぐすくわん》の埋め立て案も浮上した。さらに名護市、宜野座《ぎのざ》村、金武《きん》町にまたがる中部訓練地域（キャンプ・シュワブ、キャンプ・ハンセン）も、政府が検討中と報じられた。

日米合意発表後、大田知事は基地機能の県内移設反対と県外移設を唱え始めた。大田が前掲の『沖縄の決断』で回顧する。

「私も吉元副知事も、県内移設は、困難で実現は難しいという点では認識が一致していた。したがって彼が先走って独断で事を運ぶなどということはあり得なかった。私は、移設の候補先の問題が出るたびにその都度吉元副知事をはじめ三役ら県首脳と相談して事をすめていて自分の一存だけで決める気は、全くなかった」

沖縄県は反対だったが、アメリカから「普天間返還」の確約を取りつけた橋本政権は、県側との協議で県内移設を主張した。

普天間問題の真相を探った前掲の『普天間の謎』によれば、普天間基地の機能は、「1．海兵隊所属の陸上部隊をヘリで輸送する任務機能」「2．ヘリに空中給油を行う機能」「3．緊急時にヘリ・給油機を中心に多数機（場合によっては一〇〇機以上）を受け入れ、そこから部隊運用ができるようにするための基地機能」の三つに分類され、政府は、「①海兵隊機能の一体性の確保」「②沖縄の地政学的要因」「③大規模な県外移設の非現実性」を理由に、県内移設が必要と唱えたという。

日米合意で「嘉手納飛行場の整備と普天間の一部機能の移転と統合」もうたわれたため、橋本政権は嘉手納飛行場への移設案が代替施設の本命と考えた。六月二十八日、当時の臼井防衛庁長官がアメリカのウォルター・スローコム国防次官と会談した際、嘉手納との統合案を提示したと報じられた。

日米両政府は七月五日、嘉手納統合案の検討開始を決める。最有力案と見定める日本側は七月から八月、何度も対米説得を試みた。

アメリカの政府は理解を示したが、在日米軍の空軍が強く反対した。八月一日、キャンベルが、当時の自民党幹事長の加藤紘一（元防衛庁長官、官房長官）に会って嘉手納統合案反対を伝えた。

岡本が五百旗頭真・伊藤元重・薬師寺克行編『岡本行夫　現場主義を貫いた外交官　90年

代の証言』で背景を解説する。

「嘉手納基地は固定翼の戦闘機などが中心。一方、普天間基地は回転翼のヘリコプターが中心で、両者を同じ滑走路で運用することは極めて危険だというのが理由でした。実際のところは、別の理由も大きかったと思う。つまり、『普天間1』＋『嘉手納1』＝『統合嘉手納1』というのが沖縄県の目論見だったわけです。アメリカにしてみれば当然、1＋1＝2という考えです。つまり普天間飛行場の機能を嘉手納基地にすべて吸収して、しかも嘉手納の騒音と危険度を増やさない案などアメリカは呑みません。政治的にも、嘉手納統合案が暗礁に乗り上げることは見えていました。嘉手納基地は、嘉手納町、北谷町、沖縄市の1市2町にまたがっていますが、3人の市長と町長は、全員が統合反対デモの先頭に立つと宣言していました」

米軍が難色を示した嘉手納統合案は頓挫した。

海上案の打診はなかった

アメリカ側は対案として海上ヘリポート基地というプランを持ち出してきた。アメリカ東部時間の九月六日、ペリー、モンデール、キャンベルらがワシントンの国防総省に集まって協議する。キャンベルが沖縄本島の海岸部の沖合に移動可能な海上基地を設けるヘリポート案を提案した。

キャンベルは訪日し、十三日に外務省に出向く。北米局長の折田正樹（後にイギリス大使、中央大学教授）、防衛庁の秋山らに海上ヘリポート案を説いた。

アメリカから提案があった海上ヘリポート案に、橋本はどう対応したか。その日、池田外相と折田、臼井防衛庁長官と秋山の四人が、橋本に呼ばれて首相官邸を訪ねる。前掲の『同盟漂流』がその場面を活写している。

「『米国も本気のようだな。設計や場所や時間などまだまだ詰めなければならないところもある。環境への影響がどうなるかも詰めなければならない。ただ、撤去できるところによさがある。受けるつもりでやってみよう。オプションの一つとして検討することにしてもらえばいい』

橋本は機嫌良かった。

『海に出ていけば、騒音とかいろいろ解決するんじゃないか。陸より海の方が楽かもしれんな。よくわかった。問題ないということであればすぐ大田知事に話をしよう』

「『外に漏らすなよ』

『絶対に漏れてはならない』

橋本は構想を自ら発表したかった。その舞台は沖縄にしようと心に決めていた」

橋本はその場で沖縄県庁に電話をかけた。大田は記者会見中でつながらない。約一時間後、大田が首相官邸に電話してきた。

『同盟漂流』によれば、橋本は大田に「一七日に沖縄を訪問しようと思います。そこで、この構想を発表するつもりにしていますが、よろしいですね」と持ちかける。大田は「歓迎します」と応じたという。

橋本は予告どおり九月十七日、那覇市のコンベンションセンターでスピーチを行った。「私が初めて沖縄を意識したのは、戦争中に撃沈された疎開船の対馬丸の事件のご遺族にお目にかかったことから」と思い出話を披露する。アメリカ側の提案と断って、普天間基地の代替地として浮体式栈橋工法による撤去可能な海上施設を検討すると述べた。

同席していた大田が『沖縄の決断』で回想している。

「橋本首相が、事務方の積み上げた政策を決裁する形を取らず、政治主導で解決策を探るという手法を取られたのは、普天間返還交渉に続き、これが二度目のことだったという。私が海上への移設案について具体的な話を聞いたのは、その場が初めてだった」

以前に橋本から「浮体式」「撤去可能」という言葉を聞いた記憶はあったが、海上案の打診はなかったと大田は付記している。

第5章 小渕恵三の思い入れと計算

――沖縄サミットという決断

二人三脚で沖縄問題に取り組む野中広務官房長官（左）と小渕恵三首相。1998年8月25日（共同）

「沖縄は自分の死に場所」

一九九六（平成八）年九月二十七日、橋本首相は普天間問題でめどが立ったのを見届けて、臨時国会の冒頭に衆議院を解散した。総選挙は従来の中選挙区制ではなく、初の小選挙区・比例代表並立制による選挙で、十月二十日に投票が行われた。

旧新生党、旧公明党、旧民社党などが参集して結党した小沢党首の新進党と橋本総裁の自民党が政権の座を争う初めての総選挙だった。投票の結果、自民党が新進党に八三議席の差をつけ、二大政党による直接対決を制する。政権維持を果たした。

十一月七日、第二次橋本内閣が発足した。橋本とコンビを組んできた官房長官の梶山は続投し、今度は沖縄問題担当も兼務した。

梶山は昔から沖縄には格別の思いがあった。後に第二次安倍内閣で官房長官となる菅は、国政入り前から梶山を「政治の師」と仰いできた。

「梶山さんは『沖縄は自分の死に場所』と話していましたよ」

菅がインタビューで語った。

一九二六（大正十五）年三月生まれの梶山は四五年の敗戦時、十九歳で陸軍航空士官学校の一員だった。第二次世界大戦で唯一、本土地上戦となった沖縄戦で、沖縄根拠地隊司令官として日本軍を率いて戦った大田実（戦死後に海軍中将）は自決の直前、四五年六月六日に「最後の戦況電報」を東京の海軍省の次官あてに発した。それが脳裏にこびりついて離れない、と何度も菅に漏らしたという。

梶山は記念誌「愛郷無限」編集委員会企画・制作『愛郷無限　衆議院議員　梶山静六在職二十五年表彰記念誌』（九八年四月発行）に自ら書きつづっている。

「『一木一草焦土と化せん。糧食六月一杯を支えるのみなりという。沖縄県民かく戦えり。県民に対し、後世特別のご高配を賜らんことを』

私は日本人として、大田司令官のいう県民に対する『後世特別のご高配』をなしてきたか、何をなすかを自問自答している。私はその道筋をつけ、次への遺産とすべくこれから政治生命を捧げたい」

玉砕を覚悟した大田は「最後の戦況電報」で、壮絶な戦闘の模様を報告し、電文の末尾で「沖縄県民斯ク戦ヘリ県民ニ対シ後世特別ノ御高配ヲ賜ランコトヲ」と訴えた。

さらに、梶山は沖縄問題を担当することになったときの心情と決意を文章にして書き残している。長男の梶山弘志（後に特命担当相）が自身のホームページに収めている未発表原稿「日米安保と沖縄」（『梶山静六論文集』・九七年三月執筆）によると——。

「官房長官の職務は極めて種々雑多であるが、この間、私の頭の中の大半を占めてきたのは、沖縄の問題だった。深夜、沖縄のことをあれこれと考えてなかなか眠りにつけず、よし、翌日もう一度さっぱりした頭で考え直そうと無理矢理眠ろうとする。すると決まって目の前に浮かんでくるのが、沖縄の摩文仁の丘である。第二次大戦で最後の激戦地となり、多くの犠牲者を出したこの丘を訪れたとき、私は抑えようにも涙を止めることができなかった」

「沖縄問題担当としての私に課せられた職務は、戦中のみならず、戦後半世紀にわたってになってきた沖縄の重荷を軽減し、沖縄の発展と県民生活の安全、向上を期することにほかならない」

一方、首相の橋本は解散・総選挙を乗り切り、長期政権を意識し始めた。自ら取り上げた普天間移設問題は政権が果たすべき大きなテーマであった。

普天間移設で次に背負っていた宿題は、代替施設の海上ヘリポートを沖縄のどこに造るかである。

最初、中城湾に面したホワイトビーチ水域案（現うるま市）が検討対象となった。だが、沖縄県が推進する国際都市形成構想の自由貿易地域の拠点に想定されていたため、九六年十一月十三日、吉元副知事が反対を表明した。

次に名護市辺野古にある米軍基地のキャンプ・シュワブの沖合案が浮かび上がった。早くから日米の政府関係者が着目していたプランだった。前掲の『普天間の謎』が事情を解説する。

「県中部にある普天間や嘉手納に比べ、名護市のある県北部は人口が少ない。騒音や安全性といった問題を考える上では、やはり人口密度の小ささは重要である。また、すでにキャンプ・シュワブでは日常的に海兵隊の訓練が行われているため、全く基地のないところへ移設するよりも住民に受け入れられやすいという点もあった」

第二次橋本内閣で、防衛庁長官は臼井から久間章生（元自民党総務会長）に交代した。久間は十一月十六日、沖縄を訪問し、記者会見で「シュワブ沖案が最有力。アメリカとの協議に臨む」と述べる。移設先は名護市に、という流れになってきた。

だが、名護市議会はすぐに反対決議を採択した。保守系の比嘉鉄也市長も反対した。

他方、SACOが十二月二日、最終報告を提出した。普天間返還について、沖縄本島の東海岸沖に建設する海上施設に代替ヘリポートの機能を移転すると示しただけで、具体的な地名は特定できなかった。

にもかかわらず、橋本政権は日米両政府が同意できるプランはほかにないと判断した。シュワブ沖案で決着を図る方針を固める。九七年一月十六日、梶山が「シュワブ沖の海上施設建設で日米が合意」と明らかにした。

名護市で市民投票と市長選

名護市では、住民の反応は「反対」と「受け入れ」の二つに割れた。基本的には新基地拒否が強かったが、沖縄北部地域の振興や辺野古地区の活性化を条件に受け入れを容認する声もあった。

市長の比嘉は、最初は慎重姿勢で、防衛庁の那覇防衛施設局がシュワブ沖の水域調査の受け入れを要請したときも拒否した。だが、容認論に傾く。

首相補佐官となった岡本は沖縄に足を運び、舞台裏で名護市の振興策を関係者とひざ詰めで話し合うなど、海上ヘリポート建設の地ならしに奮闘した。前掲の『岡本行夫　現場主義を貫いた外交官』で回顧する。

「僕は比嘉市長や岸本建男助役（のちに市長）に会うために何度も名護市に出かけました。比嘉さんに電話をかけることも日課になりました。文字通り毎日電話で話しました。しかし、名護市に対する経済支援の話は切り離して進め、リンクさせないようにしました」

「ついに、97年4月になって比嘉市長が説得を受け入れて、滑走路建設のための測量を認めると言ってくれました。梶山さんのところに報告に行くと梶山さんは大喜びし、そのまま橋本総理大臣のところへ僕を連れて行き、橋本さんが待望していたそのニュースを伝えました。ワシントンでの日米首脳会談を間近に控えた橋本さんは『おい、ホントか！』と喜んだ。でもそれからが大変だったのです」

名護市では、受け入れの是非を問う住民投票を、という声が高まった。全人口約三万八〇〇〇人のうち、市民投票条例制定を求める有効署名が一万七五三九人分に達する（名護市選挙管理委員会発表）。比嘉は九七年九月二十二日、市民投票実施を公式に表明した。

投票は十二月二十一日に行われ、投票率は八二パーセントを超えた。結果は「条件付き反対」「反対」の総数が五三パーセントを占めた。

比嘉は市長辞職を決意する。二十四日の朝、名護市の自宅に助役の岸本を呼んだ。

「これから東京に行く。辞表を出すことにした。後を頼む」

比嘉は岸本に告げ、橋本と会談するために東京に向かった。

岸本は四三年十一月に名護市で生まれ、早大政治経済学部政治学科に進学した後、大学院に進んだ。途中で北米、中南米、ヨーロッパ、中東、アフリカなどを一年八ヵ月かけて回る世界放浪を体験する。その後、故郷に戻り、七三年に二十九歳で名護市役所に入った。都市計画課長、建設部長、企画室長、企画部長を経て、助役になった。

〇六年三月に六十二歳で他界した岸本が名護市長時代、インタビューに応じてその場面を振り返った。

「市長辞任の一端は助役にもある。『頼む』と言われて断ることはできませんでした。自分が市長に、とは夢にも思っていなかった」

岸本は海上ヘリポート受け入れを表明して後継市長に名乗りを上げた。だが、もともとは古くからの一坪反戦地主運動のメンバーだった。

「反戦、基地縮小という立場は私はみんなと一緒。メンバーになったのは運動の初期のころで、一九七〇年代以前です。ただ、もう除名になっています。基地を減らすことには賛成。機能を移設できるなら、あらゆる手段を取っていい」

沖縄の現状は基本的に米軍基地過剰、と岸本は言い切った。

「日米安保条約を結んでいる立場だから、基地をゼロに、とは言いません。西太平洋に基地が必要というのは、ある程度、やむをえないと思います。だけど、誰が見ても過剰です。第二次世界大戦の陸上戦が沖縄で終わったことによる結果だと思っていますが、それをそのまま続けているのはまずい」

比嘉の後任を選ぶ名護市長選は九八年二月八日に実施された。

岸本は「前市長の後継・地元振興・ヘリポート建設受け入れ」を掲げて自民党推薦で出馬した。相手の海上基地反対派は、当時の民主党、共産党、社民党、公明党、沖縄社大党が推薦・支持する前県議の宮地康博を擁立した。

投票日の前々日の六日、大田知事が海上基地受け入れを正式に拒否した。他方、橋本政権の加藤幹事長は「沖縄の北部振興など、『岸本市政』を全面的にバックアップする」と宣言し、岸本を援護射撃した。

市長選で、岸本は約一万六〇〇〇票を獲得する。一一五〇票の僅差で当選を果たした。

普天間返還の日米合意から一年十ヵ月を要した移設地探しは、これでようやく解決に向かうと一度は受け止められた。だが、そうはならなかった。

駐留軍用地特措法で政争

橋本内閣は沖縄問題では、普天間返還以外に、もう一つ大きな懸案があった。沖縄の米軍基地について、駐留軍用地特別措置法による基地の使用期限切れという問題を抱えていたのだ。

沖縄の本土復帰が実現する二十年前の五二年に成立した駐留軍用地特措法は、復帰の十年後の八二年から沖縄の米軍基地にも適用された。ところが、九六年五月に使用期限切れで不法占拠となる土地が発生する。沖縄で米軍基地の大幅削減要求運動が盛り上がっていたが、背景には約三万二〇〇〇人の米軍用地地主のうち、三〇〇〇人余が継続使用を拒否していという現実があった。

使用期限切れ後は「日本政府による不法占拠状態」となるが、それを回避するには新たな法的措置が必要だった。政府は継続使用のために特措法改正を準備した。

梶山は前掲の未発表原稿「日米安保と沖縄」で説いている。

「私は在日米軍の将来的な兵力削減を否定するものではない。（中略）しかし、その問題と駐留米軍用地の確保の問題とは、本質が違う。われわれは最高の国益を求めるなかで、安全保障に関しては米国との同盟関係を選んだ」

「橋本内閣の沖縄にかける情熱は本物である。日米安保体制を堅持しつつ、沖縄の負担を減らし、地域の振興や県民生活の向上に注ごうとする熱意と情熱は、戦後のいかなる内閣にも引けを取らないと自負している」

梶山は特措法の改正問題に全力投球した。

議論が本格化したのは、九七年三月五日に九七年度予算案が衆議院で可決された後だった。二十五日、橋本が大田知事と会談し、特措法改正に取り組む方針を伝える。内閣は四月三日、改正案を閣議決定した。

国会審議が始まった。衆議院の特措法改正特別委員会の委員長は野中が務めた。前掲の『聞き書　野中広務回顧録』で特別委員長応諾の経緯を述べている。

「『お前、特措法の委員長をやれ』と梶山さんから言われた。『俺は幹事長代理じゃないか』と言ったら、『幹事長代理はそういうことを引き受けるんだ。党務として幹事長代理をしておっても、引き受けるのがお前の仕事じゃないか』と言われて、しょうがない、引き受けたんです」

問題となったのは、沖縄の米軍用地使用継続という本来の懸案の成否だけではなかった。背後で権力争奪をめぐる与野党の攻防劇が展開する。特措法改正問題は政権の行方を左右する一大政争だった。

橋本内閣は自社さ三党の連立政権でスタートしたが、自民党内には、社さ両党との連携継続派と、保守勢力の新進党との提携を目指す保保派の対立があった。特措法問題で、両派の綱引きが顕在化した。橋本政権が自社さ三党で改正案の成立を図るのか、小沢党首の新進党との保保路線に踏み出すのかが焦点となった。

自社さ路線の堅持を強く主張したのが、幹事長の加藤、政調会長の山崎、野中、厚相だった小泉らである。他方、保保派と呼ばれた梶山や亀井静香（後に国民新党代表）は新進党抱き込みを容認した。

自社さ派の野中は、社民党党首の土井たか子（元衆議院議長）に会って特措法成立への協力を求めたが、土井は首を縦に振らない。一方で小沢と決別して太陽党を結成した羽田代表にも接触し、賛成を取りつけた。

野中が『老兵は死なず　野中広務全回顧録』で、自社さ派対保保派の攻防劇を回想する。
「梶山静六さんは、『一票差で勝っても可決は可決だが、国の安全にかかわる法律が、その程度の差で成立していいはずがない』という考えで新進党の小沢一郎さんとの連携を進めていた。私は小沢さんの生き残り戦略に乗ることになると見て、新進党との連携には反対だった」

権力闘争と背中合わせ

梶山は各党との協議が本格化する前、前首相の村山に会って社民党の出方を確かめた。村山は「賛成は無理」と感触を伝えた。

九七年六月に橋本が訪米してクリントン大統領と首脳会談を行うことになっている。梶山は「橋本訪米前の決着」というシナリオを描く。「圧倒的多数による改正案成立」を実現するために保保路線を選択した。

それに対して、自社さ政権での「自社の亀裂」に危機感を抱いた長老の中曽根、竹下の両元首相が、政界再編の必要ありと判断して水面下で動き始めた。小沢の側近だった平野貞夫（当時は参議院議員）が振り返って内幕を証言した。

「あのころ、朝鮮半島情勢が危なかったんです。一方、沖縄の特措法問題で社民党が反対に回って否決となる可能性もありました。危機感を抱いた中曽根、竹下両氏が相談して、保保連合をやろうという話になる。中曽根さんが橋本首相を、竹下さんが新進党の小沢党首を口説くことになりました。小沢さんは九七年の三月一日に東京の世田谷区代沢の竹下邸に呼ばれ、説得された。私は竹下・小沢会談の直後、小沢さんに呼び出されました」

平野が著書『虚像に囚われた政治家　小沢一郎の真実』に記録している。

「夜八時頃、四谷にある居酒屋『酒楽』に呼ばれた。小沢は、『騙されるのかもしれないが、これは日本国家の存立にかかわることなので、乗らざるを得ない』として、竹下と話してきた安全保障をめぐる日本のあり方を熱っぽく語った」

九六年十月の総選挙で二大政党による政権交代の実現をねらって戦い、敗北を喫した新進党は、「次の一手」を模索中だった。小沢は「自社さ打倒・保保連携」も有力な選択肢と見て政界再編構想に乗ろうとしたのだ。

橋本内閣は九七年三月下旬、各党に党首会談を呼びかけた。与党なのに、社民党とさきがけは応じない。四月二日、橋本と小沢の会談が実現した。

会談の内実を、「読売新聞」（一九九七年四月五日付朝刊）が「特措法改正自民・新進合意を検証」と題する記事で詳しく報じている。

「橋本・小沢会談は二日午後八時半、首相官邸で始まり、三時間半に及んだ。初めの一時間はサシだったという。（中略）橋本が国から地方への機関委任事務が抱える問題点を説明した。しかし、小沢の提案はもっと進んだ内容だった。『安保問題は国が責任を負う体制が必要だ。新進党の主張をのめば、党を挙げて橋本内閣を支援する。社民、さきがけ両党とは手を切ることができる』返事に困った橋本は、自民党幹事長の加藤紘一を電話口に呼び出した」

加藤はその時刻、山崎とともに、社民党、さきがけ両党の幹事長らと懇談中だった。加藤と山崎は、電話で色をなして「受け入れられない」と橋本に回答した。

そこで、梶山が動いた。平野が続けて述べる。

「橋本・小沢会談で、小沢党首から橋本首相に対して、特措法に賛成する条件として、沖縄の基地の縮小・整理・移転を法律にして、国の責任で推し進めることに、と提案したんです。ところが、橋本首相は『とてものめない』と言った。それで一度、橋本・小沢会談は決裂した。すぐに梶山官房長官から私に連絡が入り、法律という形ではなく、『橋本・小沢合意』という形にして合意文書を作ろう、と言ってきました。それで、官房副長官だった与謝野さんと私が話し合い、私が合意文書にまとめました」

翌三日の夕刻に橋本・小沢再会談がセットされた。その前に国会内で、梶山、与謝野馨（後に官房長官、財務相）の首相官邸側と、加藤、山崎ら自民党執行部側が協議した。大激論となったが、最終的に、流れを見て、加藤と山崎が歩み寄る。橋本・小沢再会談で確認された「両党首合意」をベースに、特措法問題が決着した。続いて十一日、衆議院本会議で特措法改正案が全議員の九割という圧倒的多数の賛成で可決された。

自社さ派の野中が『老兵は死なず』で続けて述べる。

「あまりに賛成が圧倒的となったことで、私は逆に『本当にこれでいいのだろうか』という漠然とした不安を感じていた。（中略）九日間という短い審議で、議員の九割が賛成した。衆院安保特別委員会の委員長報告を読みながら、私は不意に、自分が軍国主義に傾斜してゆく戦前の日本の国会の場にいるかのような、錯覚に襲われた」

報告を読み終えた野中は「まことに失礼ですが」と一言、断って突然、予定外の言葉を発した。

「この法案が日米安保体制の堅持の新しい一歩を印すとともに、大変な痛みと犠牲と傷を負ってきた沖縄の振興の新しいスタートになりますように。そして今、多くの皆さんの賛同を得て成立しようとしているが、どうぞこの法律が沖縄県民を軍靴で踏みにじるような、そんな結果にならないように。そして古い苦しい時代を生きてきた人間として、今回の審議がどうぞ再び大政翼賛会のような形にならないように、若い皆さんにお願いをしたい」

自民党と野党第一党の新進党のなれ合いは議会制民主主義の危機を招く、と警鐘を鳴らしたが、野中は自ら「悪魔」と呼んで嫌っていた小沢と橋本政権の連携に一言、「ノー」と言っておきたかったのだろう。

梶山は特措法問題が自社さ派と保保派の権力闘争と背中合わせであることは百も承知である。「何であんなこと言うんだ。ばかやろ」と野中をしかりつけた。

経済危機と参院選敗北で橋本退陣

特措法問題の裏側で、加藤や野中は、「反小沢」による自社さ体制の維持に懸命となり、一方の保保派は、自民党首相復活をてこに、保守勢力による本格保守政権の再現も視野に入れて新しい政権構想を描こうとした。

「実は自民党内で橋本さんが最大の自社さ派だった」

与謝野が後年、インタビューでそっと明かした。

橋本は特措法問題では最終的に小沢との連携に踏み込み、自社さから保保にかじを切ったのでは、と見られた。だが、自社さ体制に乗って首相の座を手にした橋本は、政権の枠組みは自社さで、という考えを最後まで変えなかった。

特措法問題を片付けた橋本は九月八日、任期満了に伴う自民党総裁選を無投票再選で乗り切る。三日後に内閣改造を実行した。

梶山は官房長官の座を降りた。橋本は後任に村岡兼造（元運輸相）を起用する。保保派の梶山を外し、自社さ路線維持を鮮明にした。

退任後、梶山に「特措法攻防」の内幕について質問した。梶山が答える。

「私は橋本さんに『自社さで行くかどうかは総理の選択です』と言いましたが、自社さは緩やかな与党の連携で、絶対ではない。国の安全とか特措法問題で協力を願えなかった。だけど、橋本さんは社さを切れない。執行部も、切ったら自分たちの首が飛ぶ。そこにつけ込まれて、自社さに縛られたのです」

官房長官退任は、梶山が自ら退任を申し出て、橋本が受け入れる形となった。報道陣から質問を浴びた梶山は「体調不良」を辞任の理由に挙げた。その点を直接、尋ねた。

「辞めた理由は体調のせいにしておくのが一番、無難だからね」

梶山は片目をつぶり、笑って答えた。

橋本政権で主導権確保をねらった梶山は、九七年夏、橋本の総裁再選と内閣改造の舞台裏で、加藤、山崎、野中ら自社さ派の執行部の交代を企図した。だが、橋本は再選の二ヵ月前の七月半ばに早々と加藤らの留任を決めていたのだ。梶山は自社さ派との綱引きで一敗地にまみれた。

九六年の総選挙、九七年の総裁選を乗り切って、長期政権を意識し始めた橋本は、「梶山抜き」の新布陣で九七年九月以後の政権第二幕に臨んだ。ところが、突然、逆風にさらされた。

慢心して油断したのか、改造人事で大きくつまずいた。ロッキード事件で有罪となった佐藤孝行（元総務会長）を総務庁長官に起用したため、批判の大合唱を浴びる。政権は急失速した。

続いて十一月、北海道拓殖銀行と山一證券が連続して経営破綻となる。「戦後最大の金融危機」と言われた。日本経済は未曾有の経済危機に直面したが、橋本は有効な手立てを講じることができなかった。

橋本内閣は経済悪化への対応に失敗した。迷走に次ぐ迷走で、低空飛行のまま、九八年七月の参院選を迎える。自民党の当選者数は四四にとどまった。宇野宗佑首相時代の八九年の三六に次いで、参院選では当時、自民党史上二番目の大敗だった。

「すべてをひっくるめて私自身の責任です。力不足。それ以上、言うことはありません」

橋本は七月十三日、記者会見の席で正式に辞意を表明した。政権は二年七ヵ月で幕となった。

沖縄サミットを決断した小渕

橋本の後継を選ぶ自民党総裁選は九八年七月二十四日に実施された。副総裁の後、外相を務めていた小渕が、梶山、小泉との三つどもえの戦いを制し、政権を手にした。

ところが、二〇〇〇年四月二日未明、小渕は緊急入院した。自民党は五日、後任総裁に森喜朗（当時は幹事長）を選出する。森内閣が発足した。小渕の首相在任は一年八ヵ月で終わった。

小渕は意識不明のまま、五月十四日に死去した。三十日、衆議院本会議で社民党の村山元首相が追悼演説を行った。

「業績の中で特筆すべきは、わが国でサミットを開くに当たって開催地を沖縄に決めたことであります。サミットを無難にこなすためなら、開催地は東京でも大阪、京都でもよかった。むしろ東京から遠く離れ、今なお生活・産業基盤の整備が遅れている沖縄は避けるべきだという意見も当然あったはずです。ところが、君は毅然として、サミットの開催地を酷暑の沖縄に決断したのであります」

主要国首脳会議（サミット）は一九七五年のフランスのランブイエを皮切りに、メンバー国の持ち回りで毎年、開催され、二〇一八年六月のカナダのラ・マルベイ市でのサミットで計四十四回となった。

現在まで日本開催は七九年（大平内閣）、八六年（中曽根内閣）、九三年（宮沢内閣）、二

〇〇〇年（森内閣）、〇八年（福田康夫内閣）、一六年（安倍内閣）の六回である。首脳会議は七九年と八六年と九三年が東京、二〇〇〇年が沖縄県名護市、〇八年が北海道洞爺湖町、一六年が三重県志摩市で行われた。沖縄サミットは東京以外での初開催で、首相として開催地を決定したのが小渕であった。

小渕内閣は九八年七月三十日に発足したが、滑り出しは最悪だった。自民党は参院選で大敗、景気はどん底、新登場の小渕も、「無力・無能・無策」と前評判は悪かった。「冷えたピザ」とからかわれ、すぐにつぶれても不思議のない政権と見た人が多かった。

小渕内閣は自民党だけの単独政権でスタートしたが、自民党の議席は衆議院が二三九（定数五〇〇）、参議院が一〇三（定数二五二）で、衆参共に過半数割れの少数内閣であった。発足直後の金融国会と呼ばれた臨時国会では、綱渡りの政権運営を強いられた。

だが、半年後の九九年一月、小沢党首が率いる自由党との連立が実現する。一転して無風国会となった。

九九年の通常国会では、提出された百二十四法案のうち、国旗・国歌法など百十法案が成立する。六七年の特別国会以降、最多を記録した。九八年九月に二一パーセントと超低率だった内閣支持率も、九九年九月には五一パーセントに達した（朝日新聞調べ）。

最初の半年で打った三つの手が効果を発揮した。金融再生システムの確立、「何でもあり」と言われた景気浮揚策、自自連立をステップとした政権の安定化である。

小渕首相が低迷脱出に懸命だった九九年初め、外務省を中心に、二〇〇〇年の日本開催サミットの会合場所の選定作業が本格化した。札幌市、千葉市、横浜市、大阪市、広島市、福岡市、宮崎市、沖縄県の名護市の八市が名乗りを上げ、招致合戦を繰り広げた。

小渕内閣の発足時の官房長官は野中で、「政権の大黒柱」と呼ばれた。サミットについて、野中が『聞き書　野中広務回顧録』で振り返っている。

「関係各省がプロジェクトをつくって、サミットに名乗りを上げていた八カ所について点をつけて持ってきました。私と小渕さんが預かって見たら、沖縄は八位なんですね。何から見ても沖縄は無理という状況だった」

小渕は九九年、四月二十九日から五月五日まで訪米することになった。ロサンゼルス、シカゴを経てワシントンに入り、クリントン大統領とトップ会談を行う。小渕内閣は出発までに開催地を決定する方針を決めた。

四月に入ると、候補地の招致攻勢が激化した。大阪と並んで有力候補と見られたのが福岡市で、福岡県の麻生渡知事は十三日、小渕を訪ね、首脳会議開催を直訴した。

沖縄開催に反対だった野中広務

沖縄県は本土のほかの七市と比べて警備、宿泊、輸送などの面でハンデを背負っているのは承知だった。当時の稲嶺知事も自著『稲嶺惠一回顧録　我以外皆我が師』で「ほかの候補地が自民党や地域の有力者主体の誘致運動だったのに対し、沖縄は全県的に取り組んでいた」と書いている。地元紙が当時の状況を伝える。

「県庁内の県サミット誘致推進プロジェクトチームに寄せられた賛同署名が、一四日までに一六万人分を突破した。（中略）一五、一六の両日には共産党を除く県選出・出身の衆参国会議員団が官邸に開催を要請。二一日には稲嶺知事が小渕首相のほか、野中広務官房長官、高村正彦外相、鈴木宗男官房副長官、山中貞則氏を訪ね、沖縄開催の意義を訴える」（「琉球新報」九九年四月十五日付）

二〇〇〇年サミットの参加国は日本、アメリカ、フランス、イギリス、ドイツ、イタリア、カナダ、ロシアの八ヵ国だった。その中で、首脳会議の沖縄開催案に難色を示す可能性が高いと見られたのは、沖縄に多くの米軍基地を持つアメリカである。九五年九月の米兵少女暴行事件の記憶は鮮明で、アメリカは事件や事故の再発の懸念だけでなく、沖縄県民の反米感情も気がかりでは、と思われた。

稲嶺はアメリカが了解しない限り、沖縄開催は実現しないと判断した。駐日アメリカ大使のトーマス・フォーリー（元下院議長）との面談を計画する。早朝に東京の大使公邸を訪ねた。『稲嶺恵一回顧録』で述べる。

「借りをつくるのは嫌なので『サミットの沖縄開催に賛成してほしい』とは言わずに、『日本政府が沖縄で開きたいと言ってきたときには反対しないでほしい』と申し入れた。（中略）フォーリー大使はクリントン大統領に会って沖縄が最適だと進言してくれた」

小渕は訪米ぎりぎり、出発の九九年四月二十九日の午前に開催地を決定した。サミットの首脳会議は名護市、これに先立つ外相会議は福岡市、蔵相会議は宮崎市で開催し、「九州・沖縄サミット」と呼称する、と発表した。

小渕は沖縄に特別の強い思い入れがあった。野中が『聞き書　野中広務回顧録』で首相官邸での決定の内幕を明かしている。

「私は『総理、二人で相談しましょう』と言って相談しました。小渕さんは、『順位はつけてあるけれど、決めることはできるんだから、沖縄でどうだい』と言われた。『ああ、それはできますよ。決めたらできますよ。じゃあ、二人で決めたことにしましょう』と言ったら、『外の役人に言ってくれ』と言うので、役所を呼び込んで、『沖縄にする』と言って、決めたわけです」

アメリカの判断はどう影響したか。『稲嶺惠一回顧録』が「註記」でこんな場面を紹介する。

「野中広務さんは2003年10月、衆院議員引退を前に琉球新報の単独インタビューに応じた。沖縄サミット開催決定について『事前にフォーリー駐日米大使に沖縄開催を打診し（決定前日の1999年4月28日に）いったんノー（の返事）が返ってきた。だが大使が米国に帰り、もう一度クリントン大統領（当時）に話してみるとのことだったので（返事を待つため）小渕さんと私は首相の執務室で二人で徹夜した。未明にようやく（米側から）OKが出た。小渕さんは最初から沖縄で開きたいという意向だった。沖縄が駄目なときは大阪城を考えていた』と舞台裏を明かしている」

野中の下で官房副長官だった鈴木宗男（元北海道・沖縄開発庁長官）がインタビューで語った。

「野中先生にも沖縄に対する思い入れがありました。戦争経験者だから、沖縄の人たちがどんなひどい目に遭ったのか、分かっているんです。何とかしなければという思いがあった。沖縄の人も野中先生にシンパシーを持っていました」

だが、野中は実際にはサミットの沖縄開催には反対だった、と鈴木は打ち明けた。

「外務省が気象条件から歴史的経緯まですべての角度から調査して、どう考えても沖縄は厳しいという話でした。サミット開催の七月は台風も来る。もし事件が起きたら、アメリカの大統領が来られなくなる。だから、福岡がいい、と外務省も野中先生も思った。『サミットは沖縄』と小渕首相から厳命された私は、野中先生と何度も言い合ったんですよ。当時は大臣会合の開催だけでもありがたいというのが沖縄の空気でした」

小渕は沖縄開催と早くから決めていたようだ。鈴木が続ける。

「総理が沖縄と決めていると分かったら、役人は面従腹背で、それに従いました。小渕さんが沖縄にこだわっていると野中さんが知ったのは一ヵ月くらい前でしたね」

「大田電報」で決断した小渕

小渕と沖縄の縁は約四十年前にさかのぼる。小渕は一九五八年四月、早大第一文学部に入学し、六二年に卒業して早大大学院政治学研究科に進んだ。学生時代、アメリカの施政下にあった沖縄に何度も足を運んだという。

沖縄では、大学の先輩で沖縄稲門会の会長だった稲嶺一郎（琉球石油＝現りゅうせきの創業者社長。後に参議院議員）を頼った。息子の稲嶺恵一が回顧した。

「小渕さんは学生時代、早大の沖縄研究会のメンバーで、沖縄ではわが家に泊まっていました。夜は翁長助裕さんらに引っ張り出されて毎晩、遅くまで飲んでいたんですよ」

翁長助裕は後の知事の翁長雄志の兄で、沖縄県の副知事や県議を務めた人物である。

野中も「小渕と沖縄」について、『老兵は死なず』の中で、「何度も話しておられたのが、先の大戦で帝国海軍沖縄方面根拠地隊約一万人を率いた、大田実司令官の逸話である」と特筆している。

梶山だけでなく、自民党でずっと同じ派閥だった小渕も「大田電報」に心を打たれた。野中が『老兵は死なず』で、二〇〇〇年サミットの沖縄開催決定について、続けて書いている。

「沖縄に決めたのは、小渕首相の強い希望があったからだ。沖縄でサミットを開催することが決まった時、小渕さんは私にも、『この決定は大田司令官の電報に対する返事でもあるんだ』と話しておられたものだ」

「大田電報」への小渕の熱い思いについて、鈴木が思い出を口にした。

「サミットの沖縄開催を決める一ヵ月前、小渕さんは『大田司令官・その家族の戦後』という内容のNHKの番組を見たんですよ。戦後、アメリカ人と結婚してニュージーランドにいた大田司令官の娘さんが番組の中で『日本政府はいろいろとやってくれましたが、さらにもう一つ大きなことをやってくれれば、父の死も浮かばれますね。父の思いもかなうでしょう』と言いました。小渕さんはその一言を聞いて『サミットは絶対に沖縄』と決めたんです」

サミットの沖縄開催決定から約四ヵ月後の九九年九月十二日と十三日、小渕はニュージーランドのオークランドで開催されたAPEC首脳会議に出席した。十三日、現地の日本大使館を通じてニュージーランドの首都ウェリントンに在住する大田昭子（オーモンドソン・大田アキコ）と連絡を取り、宿舎のシェラトン・オークランド・ホテル（現在のザ・ランガムホテル・オークランド）に呼んだ。脇にいた鈴木が秘話を披露する。

「小渕さんは『あなたの一言で沖縄開催を決めました』とお礼を言った」

小渕がサミットの沖縄開催を決めたのは、「沖縄への特別の思い入れ」だけが理由ではなかった。官房長官だった野中が『老兵は死なず』で、沖縄開催と普天間飛行場の移設問題との関係について触れている。

「名護市に、新たに会場が作られることになった。沖縄の中でも名護市になったのは、普天間飛行場の移転先として決まっていたからである。小渕首相が『あそこが一番いい』と言って決められたのだが、気持ちは私も同じだった。二人とも、橋本政権時代に職を辞して海上ヘリポート基地を受け入れてくれた名護市長の比嘉さんらの思いに、少しでも応えたいと願っていたのだ」

辺野古移設を受け入れた地元への配慮という小渕内閣の「政治的計算」も働いていたの

である。
小渕は高い壁を自ら突き崩してサミットの沖縄開催を実現した。

第6章　埋まらない政府と沖縄の溝

——岸本建男名護市長の特区構想

代替施設協議会の後、記者の質問に答える稲嶺恵一沖縄県知事（右）と岸本建男名護市長。2002年７月29日（共同）

稲嶺知事の期限付き軍民共用案

小渕が一九九八（平成十）年七月に政権を担ったとき、沖縄県知事は革新系の大田で、二期目の任期満了の直前だった。知事選が四ヵ月後の十一月に控えている。小渕内閣は九〇年以来の革新県政の打倒をねらった。三選を目指す大田に対して、保守側は稲嶺一郎の長男で財界人の稲嶺恵一を擁立した。

政治の世界に入るつもりは全くなかったという稲嶺は『稲嶺恵一回顧録』で、立候補の理由として「このままだと沖縄は沈没する」という県内の危機感を挙げ、「一番の大きな問題は政府との間のパイプが完全に閉ざされていたことだ。それが沖縄経済衰退の要因となり、不況に追い込まれていた。閉塞感を打破してほしいという強い要請を受け、出馬を決意した」と書いている。

九四年六月から四年間続いた中央での自社さ連立政権の流れを酌んで、沖縄県知事選では、自民党沖縄県連と旧社会党支持グループの一部が足並みをそろえ、稲嶺を支持した。

稲嶺は「県民党」を強く意識した。インタビューで当時を回顧して選挙の態勢について語った。

「私のほうの演台に上がった自民党の国会議員は一人もいません。選挙対策本部は自民党が選挙事務所に入ることも認めなかった。ですが、自民党でただ一人、事務所に入っていたのが、後に知事となる翁長雄志さんです。一角に一人だけの事務所を持っていました。自民党との接点は彼一人なんです」

翁長は自民党の県議だった。自著『戦う民意』でこの知事選について書き残している。

「私は選対事務総長として候補者を支え、革新の陣営とも敵対しながら理解を得るというスタイルを取りました。公明党、沖縄社会大衆党、社民党と話し合いを重ね、共産党とも数時間をかけて沖縄の政治について語りました。結果は決裂しましたが、大きな意義があったと思っています」

選挙戦は「保革対決」の事実上の一騎討ちとなった。自民党、新進党沖縄などが推薦する稲嶺に対して、社民党、共産党、民主党、沖縄社大党などが大田を推した。

投票は九八年十一月二十五日に行われた。稲嶺は約三七万五〇〇〇票を獲得し、約三万七〇〇〇票の差で大田を破る。八年ぶりに保守県政奪還を果たした。

稲嶺は不況対策や経済振興策を選挙公約に掲げたが、最大の争点である普天間問題でも独自案を打ち出した。自陣営の内実を回想する。

「周りの人たちが、稲嶺は何も分からないだろうから、と言ってブレーンをつけてくれました。選挙公約に掲げた私の政策は、実はブレーンが中心になって作った」

取りまとめたのは、琉球大学助教授の真栄城守定（後に教授）、琉球銀行常勤監査役の牧野浩隆（後に稲嶺県政で副知事）、琉大教授の高良倉吉（後に仲井眞県政で副知事）、元沖縄社大党書記長の比嘉良彦（後に県政参与）の四人であった。

普天間問題でどんな方針を打ち出すかが議論になった。稲嶺が続ける。

「基地問題だけで選挙を戦ったら、最初から勝負になりません。せいぜい四対六で負けて終わる。ブレーンと一緒に、ぎりぎり県民が納得できる線を模索しました。その結果、出てきたのが、単に米軍だけの基地にするのではなく、将来は完全に県民の財産になるものに、ということで『軍民共用』にする。もう一つは使用期限を設ける。たとえば十五年。固定的なものではなく、たとえばの話ですが」

県外移設がベストだが、実現困難だから、県内移設を容認する。だが、県民感情を考え、基地の固定化を回避するため、使用期限を設けて軍民共用とし、返還後は民間専用空港として活用する。これが稲嶺構想であった。

「橋本首相が打ち出したフローティング案は名護市の住民投票で否決されたので、これで選挙を戦うのはありえない。私は最初から捨てました。それで案を出した。実現可能ということを考えた場合、最善の案だと思っている。この案は真栄城さんが中心となって原案を作りました。政府が作ったのではありません。沖縄が作り、それを当時の防衛庁ものんだのです」

インタビューで、稲嶺が振り返って解説した。

選対本部長だった翁長は、使用期限付きの軍民共用案について、前掲の『戦う民意』で述べている。

「移設先の基地の使用期限を公約に入れさせたのは、自民党県連幹事長だった私でした。防衛庁の官房長クラスと話をして『これを掲げなければ選挙に勝てない』と食い下がって、政府側にのんでもらった経緯があります。政府レベルである程度の了解を取り付けたわけです」

だが、このプランについては、「地元土建業者などからは、海上施設では本土の鉄鋼業界などに仕事が流れるだけで地元の利益にはならないとして、埋め立て工法を求める声が出ていた。稲嶺の主張はこれに配慮したものであった」（宮城大蔵・渡辺豪著『普天間・辺野古　歪められた二〇年』）という指摘もある。

「海に落としたものを拾い上げる作業」

選挙公約作りで、小渕首相や野中官房長官など、首相官邸サイドから指示や要望はなかったのかどうか。「それはない」と稲嶺は否定した。だが、こんな側面を明かした。

「私は当選するまで首相官邸とは接点を持っていなかった。ですが、翁長さんが重要な役割を果たしました。小渕さんは学生のころから翁長さんとつきあいがあり、非常に近かった。翁長さんと小渕さんの線があったから、おそらくニュースは全部流れていたと思います。ただ選挙中は口出しはできません」

稲嶺は九八年十二月、知事就任の翌日に東京に出向き、父・一郎と交流が深かった旧知の小渕と会見した。小渕は沖縄振興支援を約束する。九九年度の予算案で事前に使途を決めない沖縄振興特別調整費一〇〇億円の計上を表明した。

普天間問題で「軍民共用」を打ち出した稲嶺は、就任すると、プランの実現に向けて動き出した。九九年三月、県庁内に普天間飛行場・那覇港湾施設返還問題対策室を発足させ、候補地選びを開始した。

だが、大田知事時代からの経緯を背負っている。橋本内閣が決定したシュワブ沖案について、大田は九七年十二月の名護市の住民投票の結果を受けて受け入れ拒否を決めた。住民投票の三日後、首相官邸を訪ね、橋本と「最後の会談」を行った。

大田が『沖縄の決断』で追想する。

「橋本首相との十七回に及ぶ会談は、この日が最後となった。翌月にも、総理にお会いして、海上基地について県の結論を県内の実情とともに詳しくお伝えしようとしたのだけれども、お目にかかることができなかった。拒否表明が、先行する形となったからだ。もし、私が政治に野心があり、普通の経緯で知事になっていたとしたら、おそらくあの最後の会談で、受諾に傾いていたかもしれない。だが、これまで沖縄戦を研究し、戦後の基地問題をめぐる日米交渉を学んできた私は、その延長線上で知事となり、政治家となった。普天間基地の移設が、さらなる基地の強化・固定化につながりかねない問題を、私一人の政治判断で決定するには、余りにも重要な問題だと考えた。そのことを知っているだけに、首を振ることはできなかったのである」

名護市では海上施設受け入れを表明した岸本が九八年二月に市長に当選したが、シュワブ沖案は大田の「拒否表明」で完全消滅の形となった。一年後に知事となった稲嶺が当時の状況と問題への取り組みについて説明した。

「橋本さんはいいところまで行って挫折したわけです。次の小渕さんは、はっきり言えば、海の中に落としたものを拾い上げる作業をしなければならない。難しいのを承知で、細心の注意を払いながらやったと思いますね」

知事就任後、普天間問題で小渕政権にどう働きかけたのか。稲嶺が証言する。

「要するに政府に対して、こちらの出した案を全部のんでくれという話をするわけです。だから、かなり時間がかかりました。翌年に案を出して、名護市長の了解を取り、それで政府に出しました」

小渕内閣だけでなく、稲嶺も移設先の選定では、海に落としたものを拾い上げる作業が不可避だった。だが、選挙公約策定のときから「実は悩みの種があった」と稲嶺は言う。

「この問題で大田知事と橋本首相は計十七回、会って話をしているけど、内容が一つも分かっていません。私は二人の間に若干の食い違いというか、思い違いがあったのでは、と思っています」

倒れる一週間前の沖縄訪問

過去の経緯と事情がはっきりしないため、稲嶺県政での候補地選定作業もほぼ一からやり直しとなった。名護市の辺野古沿岸域、勝連《かつれん》町の津堅島《つけんじま》東沿岸域、東村の高江北方、名護市の辺野古陸上など七ヵ所を選び、九九年九月に辺野古沿岸域と津堅島東沿岸域の二つに絞り込んだ。

最終的に「移設先はキャンプ・シュワブ水域内の辺野古沿岸域」と決め、九九年十一月二十二日に発表した。十二月三日、名護市に出向いて岸本市長に直接伝える。岸本は「地域住民などの意向を聞き、慎重に検討したい」と答えた。

二年前に受け入れを容認した撤去可能な海上施設案ではなく、今度は辺野古沖合への軍民共用基地建設案である。苦渋の選択だったが、岸本は十二月二十七日、環境影響評価の実施、日米地位協定の改善と十五年の使用期限の設定、基地使用協定の締結など、七条件を示した上で、受け入れを表明した。生前、その場面を振り返って吐露した。

「決断まで三日間、食事が取れなかった。だけど、どこかが受けないと、世の中が動かない」

岸本の受け入れ表明にもかかわらず、その後は進展しなかった。二〇〇四年の夏、インタビューできっぱりと言い切った。

「私は容認しましたが、すんなり進むはずがない。日本政府の対応はまだまだ甘い。それが解決を長引かせている要因の一つだと思う。これからも出方を見極めていきます」

日米両政府は、後に小泉内閣時代の〇五年十月に、在日米軍の再編に伴って、シュワブ沿岸への移設案（L字型案）で正式合意と発表した。だが、岸本はこの案には一貫して反対し続けた。

小渕内閣は一九九九年十二月二十七日、地元の名護市が軍民共用基地案について、「十五年の使用期限の設定、基地使用協定の締結」など七条件を示した上で受け入れを表明したのを見届けて、翌二十八日、「地元自治体との協議尊重」「名護市との協定締結」などを盛り込んだ「普天間飛行場の移設に係る政府方針」を閣議決定した。

そこで採用されたのが軍民共用基地建設を前提としたキャンプ・シュワブ水域内の辺野古沿岸部埋め立て案だった。使用期限については、「知事および名護市長から要請がなされたことを重く受け止め、これを米国政府との話し合いの中で取り上げる」と明記した。

小渕内閣と稲嶺県政は、小渕と稲嶺の個人的関係もあって、二人三脚ぶりが目立った。小渕は九九年四月、サミットの沖縄開催を発表する。首脳会議の会場を普天間移設先の名護市に決めた。

サミットを四ヵ月後に控えた二〇〇〇年三月、自民党幹事長だった森が「沖縄の教職員組合と新聞は共産党に支配されている」と口を滑らせた。

森の失言癖は政界では有名だったが、小渕はサミット開催への悪影響と政権批判の高まりを懸念した。急遽、沖縄を訪問する。新聞各社に自ら足を運び、関係悪化の回避に懸命となった。

小渕は一週間後の四月一日の午後六時、首相官邸で、連立与党だった自由党の小沢党首、公明党の神崎武法代表（元郵政相）との三党首会談に臨んだ。焦点は自由党の連立離脱問題であった。

小渕は自由党が要求する連立与党の政策合意の実現について、「今国会で合意を実行することは非常に困難。不可能と言ってもいいかもしれない」と回答する。すでに「自由党離脱やむなし」と覚悟を決めていた小渕は、連立解消の意思を示した。

神崎も同調する。小沢は「はなはだ遺憾」と言って席を立った。

約六時間後の二日の午前一時少し前、脳梗塞に見舞われた小渕が、夫人に付き添われて順天堂大学付属順天堂医院に緊急入院した。回復不能となり、翌三日、首相の座を降りた。自民党総裁に選出された森が政権を引き継いだ。

小渕は四十一日後に入院先で死去した。首相としてサミット首脳会議の議長を務めるという夢を果たせずに終わる。「大田電報への返事」を自分の目で確認することもかなわず、生涯を閉じた。

三月の沖縄訪問の際、滞在中に同伴した稲嶺が思い出を述べる。

「新聞社を全部、回った。倒れる一週間前です。過労ですよ。今思うと、疲れていたなという気がします。小渕さんはサミットの首脳会議の会場で、名護の町のほうに目をやった。普通ならパッパと行くのに、瞬間、立ち止まってじっと見ていたのが印象的でした」

後に佐賀県の武雄市長となる樋渡啓祐は総務官僚時代、二〇〇〇年から内閣府の沖縄問題担当室に出向し、沖縄で活動した。当時の沖縄の空気を回顧した。

「あのころ、普天間問題では大きな壁はなく、話はまとまりつつあった。表向きはともかく、反対派の人たちとも情報交換や議論ができる環境でした」

金融特区構想

橋本内閣と次の小渕内閣は、基本的には沖縄県民の民意を重視し、地元自治体との協議を尊重するという姿勢を示した。その路線も影響して、普天間移設問題も、大きな壁となりそうな障害はなく、順調に進展しそうな空気だった。

移設実現のかぎを握っていたのは、移設先となる名護市の岸本市長である。

先述したとおり、普天間返還の日米合意から一年十ヵ月が過ぎた一九九七年十二月、岸本は比嘉前市長の後任を選ぶ市長選で比嘉の後継者として出馬し、当選を果たした。

岸本は普天間移設問題の一方で、「名護市の将来像」に強い関心を示した。着目したのは、金融や情報通信の拠点作りであった。

以前から交流のあった民間企業のビジネスマンが岸本に助言した。岸本は市長就任前、海外の金融センターで取引の経験があった安田火災海上保険（後の損害保険ジャパン）の矢沼隆夫らとその関係で知り合った。矢沼は二〇〇三年の夏に岸本から「名護に来ないか」とヘッドハンティングされ、二十六年勤めた会社を辞めて名護市の職員となる。政策推進参事として特区推進の責任者を引き受けて岸本を補佐した。

安田火災海上保険にいた矢沼は、名護市長となった岸本に、金融や情報通信の特区を展開していたアイルランドの視察をアドバイスした。岸本は市長就任から二年三ヵ月が過ぎた二〇〇〇年五月、首都ダブリンに出かけた。

アイルランド産業開発庁（IDA）を訪ねる。政府機構だが、独立権限の強い組織である。企業誘致やインフラ整備を一手に引き受けている部門の担当者に話を聞いた。オランダ系のABNアムロやシティバンクなど、アイルランドに進出してきた企業の現地トップにも面会した。

岸本が生前、インタビューでアイルランド訪問の思い出を語った。

「何よりも発想の逆転です。彼らは『それまで自分たちの国は西ヨーロッパの辺境という意識だったのに、ITの発達で、実はアイルランドはアメリカ大陸とヨーロッパの中心にあると発想を転換することができた。情報通信の発達を背景に、自分たちの新しい位置づけを発見した』と話していました」

岸本はアイルランドを沖縄に置き換えてみた。同じ条件と気づいた。名護を円心にして、半径一五〇〇キロの円を描くと、円周付近に東京、ソウル、北京、香港、マニラが並んでいる。岸本が力説した。

「地理的に沖縄はアジアの中心と思いました。われわれも発想を転換しなければならない。ダブリンは地理的条件を生かして金融や情報通信の特区を展開している。『金融特区はアイルランドの経済発展のエンジン』という話を聞いた。アイルランドの金融特区政策を調べてみたら、沖縄でぴったり。これはやっていけると感じました」

アイルランドの金融特区は低率の法人税適用や業務の自由化という特典を用意した。一九八七年の特区創設後、他国から進出する金融機関は十五年間で約四百社に上った。経済効果は大きく、五年間の実質経済成長率は平均で九パーセント、一人当たりの国内総生産も十二年前と比べて三倍と驚異的な成長を遂げた（日本経済新聞・〇二年十月十二日付朝刊「欧州・改革の実験場」参照）。

「小さな世界都市を作る」

視察から戻った岸本は、この標語を至る所で口にし始めた。

「金融、情報という沖縄にとって新しいビジネスモデルを使って世界に発信できる町にする。世界に名護市ありと言われるようになりたいと思った。新しい企業を誘致する。若い人が自信を持って働ける場を提供する。新しい教育によって世界に羽ばたいていける人材を育成したい」

懸命に訴えた。

アイルランド視察の二ヵ月後の二〇〇〇年七月、名護市でサミットが開催された。一年四ヵ月後の〇一年十二月十一日、岸本は名護市で行われた金融特区推進市民大会でスピーチした。

「このサミットこそ、私が求めていた小さな世界都市の導火線となりました。サミットの成功は日本のはずれの小さな都市の存在感を世界にアピールするとともに、県民、市民に大きな誇りと自信を与えております。しかしサミットは地元の努力は当然としても、国の事業であります。このサミットの成果を今後どう発揮させるかが私に与えられた大きな課題となってきました」

「私は、小さな世界都市の実現のため金融特区を提案要望しました。その目的は、名護市をはじめ北部振興の課題を解決するということだけでなく、沖縄の自立的発展のための成長のエンジンとなり、沖縄県そして名護市が我が国経済社会に貢献する役割、とりわけ、厳しい金融業界の再生の一端を担い、さらにはアジア地域の発展にも寄与したいということであります」（名護市国際情報通信・金融特区創設推進プロジェクトチーム大和証券グループ金融特区調査チーム編『金融特区と沖縄振興新法』より）

「沖縄が日本でなくなる」

「沖縄で特区を」という構想は岸本の市長就任前から存在した。

第5章で触れたように、橋本内閣時代の九七年四月、駐留軍用地特措法の改正案が国会で可決されたが、成立までの過程で、見返りに沖縄振興策として特区方式による経済活性化策を、という構想が浮上した。着目したのは官房長官だった梶山である。

梶山は真剣に検討を進め、特区活用を提唱し始めた。だが、しばらくして口を閉ざした。真意を尋ねると、梶山は真顔でこんな裏話を披露した。

「いいアイデアでは、というので、検討させたが、課題が多かった。特に沖縄には昔から『蓬莱《ほうらい》経済圏』という発想があります。周辺地域と一つになって共同体のようなものを、という考え方です。それにつながると心配する声もあった。特区を認めれば、香港や台湾、中国の福建省などと一体となって新経済圏を作る可能性がありました。そうなると、沖縄が日本でなくなります。日本を壊すわけにはいかない」

一国多制度を容認する特区構想には、霞が関の官僚機構の反対が強かった。霞が関が「懸念材料」を梶山に入れ知恵したのではないかという指摘もあった。

ところが、実際はその前後から沖縄でも東京でも特区構想の検討が始まったのだ。岸本が述べる。

「特措法の見返りに特区を、という話は時期的に一致するけど、われわれの前に誰が言ったかは分かりません。私には特区構想の提案は東京の知人から来ました。金融に興味を持っていたけど、金融は難しいから情報だけで、というアドバイスもあった。情報の最先端は金融だから、両方やろうということになりました」

沖縄だけでなく、全国での特区導入構想は、〇一年四月に発足した小泉内閣で本格化した。

小泉は在任中、さまざまな分野で構造改革に挑戦した。持論の郵政事業民営化や特殊法人改革と並んで、規制改革も取り上げた。

特区は小泉の規制改革プランの一つだった。政権二年目の〇二年六月に政府の経済財政諮問会議が経済活性化戦略の一環として特区活用の方針を表明した。

七月に全閣僚で構成する構造改革特区推進本部が内閣に設置された。構造改革特区は競争を促すために一定の地域に限定して実験的に特定の分野の規制を撤廃したり緩和したりするプランである。

〇三年十一月に構造改革特別区域法が国会で成立した。その結果、外国語教育（群馬県太田市）、国際物流（横浜市）、技術集積活用型産業再生（三重県など）、先端医療産業（神戸市）からカブトムシ（福岡県久留米市）、どぶろく（岩手県遠野市など）まで、小泉内閣の時代に全国各地で続々と特区が誕生した。

ところが、小泉内閣の構造改革特区とは別に、先行して沖縄だけに特区創設が認められた。

沖縄の本土復帰が実現した一九七二年五月、本土との格差是正を目的として沖縄振興開発特別措置法が施行されたが、何度かの改正を経て、二〇〇二年三月に期限切れで失効となる。代わって四月から十年の時限立法で、沖縄の経済自立のために沖縄振興特別措置法が制定された。この法律に特区が盛り込まれ、金融業務特別地区（金融特区）と情報通信産業特別地区（情報通信特区）の創設が認められたのだ。

特区創設をめぐる「政治と行政の壁」

岸本の特区構想は沖縄振興特別措置法に盛り込まれた特区制度の活用だった。岸本の挑戦は、旧法の期限切れで制定される新法の沖縄振興特別措置法にどうやって特区制度を盛り込むかという取り組みから始まった。

まず特区創設を正式に名護市政のプランとして取り上げる。市役所内に市長直属のプロジェクトチームを作った。ねらいは金融・情報通信特区の創設である。

〇一年春、市長就任から三年余が過ぎ、一期目の任期満了が近づいた。次の選挙では「小さな世界都市」と「特区」を正面から打ち出すことにした。

だが、政治と行政の両方の壁が立ちはだかった。稲嶺が『稲嶺惠一回顧録』で金融特区創設をめぐる「政治の壁」の内実に触れている。

「『マネーロンダリング（資金洗浄）に利用される可能性がある』と山中貞則さんが徹底的に反対した。沖縄のイメージダウンにつながるものを認めるわけにはいかない、というわけだ」

「山中さんの事務所は県東京事務所の近くにある。県職員を事務所前に張り付け、戻ったという知らせが入ると、事務所に押し掛けた。何としても普天間移設を受け入れてくれた名護市長が熱望する金融特区を実現させたかった」

山中は沖縄と縁が深かっただけではない。自民党の「税調のドン」と呼ばれ、税制や金融の分野の実力者だった。

岸本自身もこう漏らした。

「金融特区はマネーロンダリングの基地になり、金まみれになるという先入観が山中さんにありました。鹿児島県出身で藩政時代の薩摩藩の沖縄支配に対して痛切な責任感を持っていて、沖縄は汚れないでほしいという気持ちが強かった。誤解を解くのに苦労しました」

頼みとする山中の協力と支援を取りつけるのは簡単ではなかったが、何とか誤解を解いた。

だが、「行政の壁」も高かった。特に税制を扱う財務省、金融行政を握る金融庁の反対が予想された。

「やはり一国二制度はだめだという姿勢でした。この制度を使って適切でない外貨稼ぎをやっている国や地域があるとＯＥＣＤ（経済開発協力機構）が警告を発していた。ＯＥＣＤの警告をストレートに適用しようとしたと思います」

岸本は解説した。

特区と普天間移設の関係は

行政の壁を突破するには、自分が霞が関と直接、交渉するのではなく、政治を動かすしかない、と岸本は考えた。

「自民党税調、財務省、沖縄開発庁との関係でした。山中さんをお百度参りした。野中さんにも非常にお世話になった。私は財務省とは直接はやっていません。党税調のみなさんを通して間接的に」

沖縄開発庁は現在の内閣府沖縄振興局である。野中は当時、自民党の沖縄振興委員会委員長の座にあった。経緯は朝日新聞・〇二年五月十七日付朝刊の『『沖縄族』健在』が詳しい。それによると——。

岸本は〇一年十二月四日朝、山中を訪ねて特区創設を陳情する。事務所には野中がいた。

その晩、開催された沖縄税制特別措置を求める決起大会で、山中はどんな約束でも自分が引き取るとの姿勢を示した。特区に反対する財務省は巻き返しに出る。察知した内閣府担当幹部が名護市に出向き、岸本に会って告げた。記事はこんなやりとりを紹介する。

「『金融特区はもう厳しい。財務省は１国２制度は憲法の平等権に反すると言う。私は責任をとって辞める』

岸本市長は応じた。

『あなたはそれで通るかもしれない。私には選挙がある』」

岸本の作戦は成功し、山中や野中が動いて特区方式を盛り込んだ新法が成立した。だが、山中は練達の政治家である。ごり押しせず、財務省との折衝で落とし所を探った。特区の創設は認めるが、認定を受けて特区を活用する企業については厳しい参入条件を課するという財務省の考えを受け入れたのだ。

特区方式を盛り込んだ新法の沖縄振興特別措置法が成立した。この法律で金融特区と情報通信特区が認められた。

ところが、創設される金融特区は税制上の恩典があるだけで、岸本が希望した業務上の規制緩和や自由化は認められなかった。

税制面の優遇措置にも条件がついた。特区の認定を受けた企業は十年間、所得の三五パーセントが法人税の課税所得から控除されるが、直接人件費は二〇パーセントが上限という規定が設けられた。さらに、優遇措置は二〇人以上を雇用した企業だけと定められた。それでも、認定を受けた金融系企業の法人税率が軽減される特区が日本で初めて認められたのだ。

政権は普天間移設を決めた橋本内閣の後、小渕、森、小泉と移り、この時点で日米合意から六年が経過している。小渕内閣が設置を決めた普天間移設の代替施設協議会は、二〇〇〇年八月の第一回から協議を続けているものの、まだ結論が出ていなかった。

小泉政権の首相官邸、外務省や防衛省、自民党の国防族議員などは、地元の名護市が望む特区創設で、普天間問題も一気に解決に向かうのでは、と期待した。だが、岸本は特区と基地移設との関係を否定した。

「確かに時期は重なっていました。だけど、特区は飛行場の問題で駆け引きの材料にはならなかった。特区は成功するかしないか、やってみないと分からない。私は駆け引きにはいっさい使いませんでした」

特区創設を盛り込んだ沖縄振興特別措置法が制定されて四ヵ月が過ぎた〇二年七月二十九日、第九回代替施設協議会がやっと「普天間飛行場代替施設の基本計画」を決定した。だが、政府と沖縄の溝は埋まらなかった。

第7章 日米関係重視の小泉路線
——広がる政権と沖縄の疎隔

日米首脳会談終了後、京都迎賓館でジョージ・ブッシュ米大統領と会話を交わす小泉純一郎首相。2005年11月16日（共同）

同時多発テロで米軍再編

一九九九（平成十一）年十二月、小渕内閣が普天間移設問題で軍民共用基地建設を前提としたキャンプ・シュワブ水域内の辺野古沿岸部埋め立て案を内容とする政府方針を閣議決定した。このプランで、一度は地元の沖縄と政府で合意に至り、話はまとまるかに見えたが、結論から言えば、この案は小泉内閣時代の二〇〇六年五月に取り交わされた「在沖米軍再編に係る基本確認書」で廃止されることになった。

軍民共用基地建設案が葬られ、V字型案に方針変更となるが、その舞台裏でどんな政争が展開されたのか。方針変更を促した最大の要因はアメリカの米軍再編であった。

〇一年九月十一日、アメリカ本土で同時多発テロが発生した。アメリカは冷戦後、ヨーロッパや北東アジアで展開してきた兵力構成の大幅な見直しに着手した。安全保障問題の専門家の森本が前掲の『普天間の謎』で、「非対称脅威」を取り上げ、米軍再編の背景を解説する。

「米軍再編とは、米国が一九九七年頃から冷戦後の安全保障環境変化に伴って、従来の国防戦略を見直したＤＰＲＩ（国防政策見直し計画）のことである。冷戦後に、従来の伝統的な脅威に加えて非対称脅威（国家に対してテロ組織など非国家集団が及ぼす脅威のこと）が顕著となり、これに対処するためには、より遠隔地から兵力投入が可能となるような、軽量化された機動性に富む兵力が必要となる。また、先端技術を導入した兵力の統合運用も必要であり、米国はこのような国防戦略の変革を進めようとしてGPR（グローバルな態勢の見直し）を始めた。このGPRに基づき、冷戦期からグローバルに展開している米軍の兵力構成――特に欧州と東アジアに展開する米軍――を見直す作業に着手した」

「この米軍再編作業は、二〇〇一年九月の9・11テロ事件により、暫時停滞したものの、この事件の影響を受けて脅威認識の見直しが行われ、結果として検討作業は一層促進されることとなった」

アメリカは従来型の脅威だけでなく、テロのような非対称脅威にも対応できる兵力展開を重視するようになった。その方針に基づいてドイツ、イタリア、イギリス、日本、韓国の米軍基地の見直しを計画した。

在日米軍再編協議の開始について、『普天間の謎』が続けて記述している。

「米国は米軍再編計画、一九九七年から始めたDPRI（国防政策見直し計画）を、9・11同時多発テロ事件以降、急速に加速させ、日米間で初めて、両国の防衛態勢を見直す必要性を認識し合ったのが、二〇〇二年一二月一六日にワシントンにおいて行われた日米安全保障協議委員会（SCC）、いわゆる『2＋2』である。日本側から川口外相、石破防衛庁長官、米国側からパウエル国務長官、ウォルフォビッツ国防副長官が出席した。DPRIに基づく在日米軍の兵力構成を見直して米軍再編計画の中に組み入れて、それを日米協議の場に持ち込んで実現していくという作業がこの時から始まった」

日本の政権は二〇〇〇年四月に小渕内閣から森内閣へ、さらに〇一年四月に小泉内閣に代わった。アメリカ大統領は〇一年一月からジョージ・W・ブッシュである。「2＋2」は日本側が川口順子《よりこ》外相（元参議院議員、元環境相。現明治大学国際総合研究所特任教授）と石破防衛庁長官、アメリカ側はコリン・パウエル国務長官とポール・ウォルフォウィッツ国防副長官（後に世界銀行総裁）だった。

「日本の戦後をこれで終わらせるべき」

〇三年十一月、ハワイで日米審議官級協議が開催された。アメリカはそこで初めて具体的な再編計画の素案を提示した。

〇四年五月、石破とドナルド・ラムズフェルド国防長官が会談し、在日米軍再編の基本原則を確認した。だが、七月に参院選が控えていたため、政治問題化を懸念した小泉は、選挙終了までこの問題では行動を起こさなかった。

アメリカ側ではラムズフェルドが最も米軍再編に熱心だった。「歓迎されない場所に米軍が駐留する必要はない」というのが持論だが、参院選までは日本側に協議を促すようなことはしなかった。読売新聞政治部著『外交を喧嘩にした男　小泉外交二〇〇〇日の真実』が舞台裏を明かす。

「米軍の意欲とは裏腹に、11月のハワイ協議後、米軍再編問題には、さらにブレーキがかかった。福田官房長官が『米軍再編を急ぐ必要はない。しばらく先の話だ』と外務、防衛両省庁に指示したのだ。福田にとっては当時、自衛隊のイラク派遣が最大の懸案だった。さらに、翌2004年には、国民保護関連法案の国会審議や7月の参院選、年末の『防衛計画の大綱』の9年ぶり見直しなどが控えていた。米軍基地問題に取り組む余裕はない、と判断したのだ」

「国防総省側は本音では、協議を加速したいと考えていた。しかし、ブッシュのひと言が決め手となった。

『国防総省の考え方は支持するが、コイズミを困らせることはするな』

日本の希望通り、協議は一時先送りされた」

官房長官は後の首相の福田である。小泉内閣は〇一年四月の発足当初、驚異的な高支持率をはじき出したが（時事通信の六月の調査で七八・四パーセント）、〇二年一月の田中眞紀子外相の更迭《こうてつ》を境に低迷が始まり、〇二年九月の小泉の電撃訪朝後の一時期を除いて、四〇パーセント台で足踏み状態が続いた。小泉は参院選が気がかりだった。

だが、〇四年七月十一日の投票結果は、自民党の当選者が改選議席の五〇から一人減の四九にとどまったものの、与党による絶対安定多数の確保に成功した。

小泉は動き出す。九月八日、面会希望の申し入れがあった防衛庁事務次官の守屋武昌を首相官邸に呼んだ。

守屋はまず「9・11」以後の米軍再編問題の経緯を説明した。続けて小泉に直訴する。守屋が自著『「普天間」交渉秘録』でその場面を詳述している。

「私は、総理にこう言った。

『アメリカ側の提示は、またとないチャンスです。在日米軍基地の不合理性と、日本国民の負担を見直す契機とすべきです。日本の戦後をこれで終わらせるべきです』

総理は私の説明を聞き終えると、矢継ぎ早に質問した。

『岩国は基地を受け入れるのか』

『座間の反対はないのか』

『普天間は転換出来るのか』

私は『総理のリーダーシップがあれば出来ます』と即答した。

『本当に日本の戦後を終わらせることが出来るんだな』

私は再び『はい』と答えた」

落選中の山崎元幹事長も小泉に会って「米軍再編協議を」と進言した。「YKK」と並び称されて小泉と親交が深かった山崎は、防衛庁長官経験者で安保問題に詳しかった。

「県外移転」を口にした小泉純一郎

小泉は二日後の九月十日、閣議の後に官房長官の細田博之（後に自民党幹事長）、川口、石破の三人に声をかけ、アメリカが〇三年十一月に提示した在日米軍再編案の対案作成を指示した。

ところが、この問題をめぐって外務省と防衛庁が対立した。前掲の『普天間の謎』が詳説する。

「外務省は、在日米軍はすでに『再編済み』であり、在日米軍基地の見直しも米側の示す再編案に対して最小限の代案を示すにとどめたい（『スモール・パッケージ』）と考えており、日米安保の見直しにも消極的だった。一方の防衛庁は、日米安保条約の極東条項の見直しも含めて、この機会に日米安保の役割を再定義しつつ、大幅な米軍基地返還を求める包括的な調整が必要であるとの見解に立っていた」

防衛次官の守屋は〇四年九月八日の小泉との面会で、もちろん防衛庁が目指す「トータル・パッケージ」案を具申した。小泉は「戦後を終わらせる」という点に強い関心を示し、防衛庁側の「トータル・パッケージ」の採用を決めたのだ。

日本側の対案づくりを指示された細田、川口、石破の三閣僚は協議を重ねたが、外務省側の「スモール・パッケージ」を想定する細田、川口と、「トータル・パッケージ」を推す防衛庁長官の石破が対立し、調整がつかない。

小泉はその後、国連総会出席のために訪米する。九月二十一日、ニューヨークでブッシュとの会談に臨んだ。

小泉は「抑止力を維持しつつ地元の負担軽減を」と述べる。首脳会談では首相として初めて沖縄の基地負担軽減を取り上げた。ブッシュも「効率的な抑止力を維持しながら、地元の負担軽減につながるように努力したい」と積極姿勢を示した。

帰国後、二十七日に小泉は内閣改造を行う。米軍再編問題に携わるメンバーを一新した。外相を非議員の川口から町村信孝（後に衆議院議長）に、防衛庁長官も石破から大野功統に替えた。米軍再編への小泉の前向き方針を見て、町村は外務省の「スモール・パッケージ」にこだわらない姿勢を示す。再編協議に消極的だった外務省も方針を転換した。

小泉は十月一日、共同通信社に加盟する新聞各社の編集局長会議に出て講演した。その中で米軍再編問題と沖縄の基地のあり方に触れた。

「沖縄の基地負担の軽減は小泉内閣の重要な課題。沖縄以外のどこに持っていくか、これから政府は考えて、自治体に事前に相談することになるかもしれない。自治体が応諾した場合は、アメリカと交渉していく。沖縄の負担軽減に賛成なら、沖縄以外の自治体も責任ある対応を」

沖縄の米軍基地の県外移転を口にしたのだ。『稲嶺惠一回顧録』によると、稲嶺はそのとき、強い期待感を抱いた。

「今までそんなことを言った日本の総理大臣はいない。県外移転に期待した。(中略)経済界を含め、首相の発言を歓迎した。表立って反対した人は一人もいないだろう。首相はその後、何度も沖縄の基地負担軽減に言及している。国会での所信表明では『わが国の安全保障の確保と沖縄などの地元の過重な負担の軽減を図る観点から米国と協議を進めていく』と述べていた。小泉首相は、やると決めたことはこだわりを持って一生懸命やる。郵政改革がいい例だ。沖縄の基地問題についてもリーダーシップを執ってくれると考えた」

食言で終わった小泉発言

一ヵ月半前の八月十三日、アメリカ海兵隊の大型輸送ヘリコプターが普天間飛行場に隣接する沖縄国際大学の構内に墜落し、大学一号館の壁面に激突して炎上するという事故が発生した。小泉は日米首脳会談でブッシュから「地元の負担軽減」という言葉も引き出した。

「戦後を終わらせる」という考えに傾斜した小泉は、米軍再編協議を好機と見て、普天間基地の沖縄県外移転を本気で模索しようと思ったのかもしれない。その場限りの思いつきの発言だったわけではないだろう。

外務省や防衛庁に内々に打診し、可能性を探ったに違いない。だが、小泉内閣が目に見える形で本土移転を推進した形跡は見当たらない。

稲嶺はその後の展開を振り返り、『稲嶺惠一回顧録』で続けて述べる。

「実際は首相自身、よく精査しないうちに本土移転推進を口にした節がある。（中略）現実に、移転候補地として名前の挙がった県外自治体は一斉に猛反対した。積極的に受け入れようというところは全国のどこにもなかった。各地で住民パワーが強まる中で、基地の県外移設はますます難しくなっているのではないか。最終的に、どこも引き受けてくれなかった——と小泉首相は言った。問題点として投げ掛けてみたものの、猛反対に遭って早々とあきらめたというのが実際のところだろう。非常に失望した。自らリーダーシップを発揮することなく、官僚に丸投げしたのだろう」

結局、本土移転は実現せず、日米両政府は〇五年五月一日に見送りを決めた。取り組んでみて、小泉は「アメリカの壁」が想像以上に高いと知らされたのではないか。外務省、防衛庁とも、本気で相手にしなかった。結局、進展は何もなく、結果的に小泉発言は食言で終わった。

一九九六年四月の普天間返還の日米合意から九年、小泉内閣発足から四年を経て、普天間の代替地の検討はすべて白紙となる。振り出しに戻って、改めて沖縄県内移設の道を探らなければならなくなった。

小泉内閣は米軍再編というアメリカ政府の新しい動きを見て、沖縄の米軍基地の本土や国外への移転を目指したが、抑止力重視のアメリカ側の不同意や受け入れ先の候補難で、二〇〇五年五月一日、見送りを決めた。

一方、小渕内閣時代の一九九九年十二月二十八日に閣議決定された普天間移設の辺野古沿岸部埋め立て案は、反対派や環境団体の阻止活動でボーリング地質調査も進まず、暗礁に乗り上げる。小泉内閣は閣議決定を白紙にして、移設計画をやり直すことにした。

まず政府は、九九年十二月の閣議決定のベースとなった軍民共用基地案を提唱した稲嶺を説得する必要があった。防衛庁長官の大野が事務次官の守屋に「稲嶺知事に説明を」と命じた。

だが、その時期、政権の関心事は沖縄の基地問題ではなかった。小泉が最大の挑戦課題と位置づける郵政民営化をめぐる攻防がクライマックスを迎えている。政府が二〇〇五年四月二十七日に国会に提出した郵政民営化法案が七月五日、衆議院本会議で可決され、参議院に送付された。

参議院での議決を数日後に控えた八月四日、守屋は東京全日空ホテルで稲嶺と会談した。守屋が『「普天間」交渉秘録』で回想している。

「私は『今回の米軍再編によって沖縄県民の長年の思いが実現される』『大きな歩み寄りをするようアメリカ政府を説得している』ことを、稲嶺知事に説明していた。しかし、知事は『県民は誰も大規模返還は望んでいない』と口にしたのだった」

稲嶺は『稲嶺惠一回顧録』で「守屋次官から呼ばれてホテルに出向いた。守屋さんと長時間話したのはあれが最初で最後だ」と前置きして反論する。

「守屋さんは、知事が基地の大規模返還は望まないと述べた——と自身の日記に記したというが、私はそんなことは言っていない」

「守屋さんから新しい話は何も出なかった。何のために面会を求めたのかさっぱり分からない。沖縄の状況は既に県の事務方、関係市町村などから情報を得ていて、わざわざ私に会う必要などないからだ。会食もせず、お茶一杯だけで一時間ぐらい話をした。私は守屋武昌さんに対し、普天間飛行場の従来案（辺野古）以外への移設は容認できないとくぎを刺し、嘉手納飛行場の騒音軽減、金武町の都市型戦闘訓練施設の実弾射撃訓練中止を要望した。こちらとしては、守屋さんのペースに持ち込まれるのは嫌だった。守屋さんは私が大規模返還に反対したというようなことを言っているが、私が反対する理由などどこにもないし、あり得ない話だ」

シュワブ陸上案の推進を指示

四日後の八月八日、参議院は郵政民営化法案を否決した。小泉は衆議院の解散を決断する。九月十一日の総選挙で、自民党は二九六議席を獲得して大勝した。

第三次内閣を発足させた小泉は二十六日、郵政民営化関連法案を国会に再提出する。十月十四日、可決・成立した。

小泉の自民党総裁任期は〇六年九月までで、残り一年となった。郵政戦争を制し、改めて普天間移設問題に取り組むことになる。

政府は振り出しに戻って移設先の検討を始めた。一九九九年十二月の閣議決定の辺野古原案、辺野古埋め立て縮小案、キャンプ・シュワブ陸上案、嘉手納基地への統合案などを取り上げる。再検討の作業に入った。

「『普天間』移設先、キャンプ・シュワブで調整　工期を大幅に短縮」

「海上案白紙に　近く地元に打診」

総選挙の三日後の二〇〇五年九月十四日、読売新聞朝刊が一面で報じた。

ところが、「シュワブ陸上案」には、アメリカ側が首を縦に振らない。前掲の『外交を喧嘩にした男』が内情を伝える。

「米国防総省当局者はスクープ記事の当日、ワシントンで読売新聞の取材に応じ、日本政府が支持する『シュワブ陸上案』に難色を示した。さらに、『一部とは言え、地元が容認している意義は大きい。陸上案より現実的だ』として、現行の辺野古沖案よりも陸上に近いリーフ内の『浅瀬案』を推す考えを表明した」

日本側の「シュワブ陸上案」とアメリカ側の「リーフ内浅瀬案」（名護ライト案）の攻防戦が始まった。

来日した国防総省のリチャード・ローレス副次官と大野が九月十八日に話し合ったが、平行線に終わる。二十六日からワシントンで開催された日米審議官級協議でも論争となった。

シュワブ陸上案のもともとの提唱者は守屋だった。日米の綱引きが続いていた十月十二日、守屋は首相官邸に出向き、アメリカ側のリーフ内浅瀬案について、小泉に直接、訴えた。前掲の『「普天間」交渉秘録』で明かす。

「アメリカの提示した名護ライト案は、実現不可能なことがわかっているのに合意しようとしているものです。地元は賛成しているということでアメリカ側も、加えて外務省も自民党の国会議員もこれを推していますが、これはきれいな海を埋め立てるもので国民の支持を失うことは明らかです。その上、結果的にまた実現出来なければ、日米の信頼関係も損なうことになります。（以下略）」

小泉は「いくら地元の首長が賛成したからといって、環境団体は抑えきれない。池子がいい例だ」とつぶやく。中選挙区制時代に自身の選挙区だった神奈川県逗子市の池子弾薬庫の返還問題の体験を思い起こし、守屋に告げた。

「環境という言葉に国民は弱い。環境派を相手に戦っては駄目だ」

「それほど住民運動は怖いんだよ。執念深い。絶対に海に作るのは駄目だ。陸上案が海兵隊の訓練に支障をきたすというなら、君の言うように宿営地に作ればいい。金は多くかかるが、辺野古沖の埋め立てよりいい。俺の考えははっきりしているから、君の考えで案を作ってくれ。事務方で交渉をまとめられないなら、俺がブッシュと話をしてまとめるから」

小泉はブッシュとのトップ交渉の話まで持ち出して、シュワブ陸上案の推進を指示したという。

沖縄側は受け入れ拒否

移設先をめぐる日米協議は難航した。双方が着地点を探る努力を続ける。十月下旬に互いに歩み寄った。十一月中旬にブッシュ訪日が決まっていたからだ。

日本側はシュワブ陸上案の修正案である「沿岸寄りの一部埋め立て案」を用意した。陸上案だが、海側に寄せ、辺野古崎から海上に突き出す形で、一部埋め立て地を含む場所にヘリポートを建設するというシュワブ沿岸案である。

アメリカ側も十月二十四日、東京での日米審議官級協議で、従来のリーフ内浅瀬案の修正案を提示した。建設場所を辺野古沖の洋上の浅瀬から、キャンプ・シュワブがある辺野古崎のすぐ先に近づける案である。日本側の修正案のシュワブ沿岸案とは二〇〇メートル沖合というわずかの差であった。

日本側は、外務省がアメリカ側の修正案を受け入れる姿勢を示した。だが、防衛庁は譲らない。

二十四日の夜、官房長官の細田、外相の町村、防衛庁長官の大野の三人が話し合ったが、激論となる。町村と細田は修正案の受け入れを説いたが、大野は折れない。

最後にアメリカ側が譲歩した。来日して日米審議官級協議などで日本側との交渉に当たっていたローレスは、帰国予定日の二十六日、離日直前にシュワブ沿岸案応諾を日本側に伝えた。

二十九日、日米両政府は米軍再編の中間報告（「日米同盟未来のための変革と再編」）を発表する。そこで陸域と海域を含むシュワブ沿岸案（L字案）で合意した。

防衛庁が陸上案に固執したのは、環境問題の壁の高さを強く意識する小泉の指示が大きく影響したと見られた。他方、森本は前掲の『普天間の謎』でこんな側面も指摘する。

「守屋氏からすれば、沖縄のペースに任せていると埋め立て工事の着工どころか環境影響評価調査すら終わらない。いつまでたっても工事が進まず、ゼネコンの金は回らない。海上で建設工事ということになれば、沖縄の反対派をどうしても排除できず、そこで陸上で工事する案を持ち出すことになったと推測される。そして、この案に小泉首相と大野防衛庁長官が乗るのである」

防衛庁の抵抗は強かったが、やっと日米協議で合意に達した。だが、小泉内閣にはもう一つ頭の痛い問題があった。地元の沖縄県がシュワブ沿岸案を認めるかどうか、積み残しになっていたのだ。稲嶺がその場面を振り返る。

「危険性の除去、騒音を考慮すれば、住宅地よりも離れれば離れるほどいい。沖合から陸域に近づけるのは私たちが最重要事項ととらえていたことと全く相反する。一九九九年の閣議決定で確認された事項さえも無視された。だから県は、あくまでも反対した」(前掲『稲嶺惠一回顧録』)

稲嶺は二〇〇五年十月三十一日、防衛施設庁の北原巖男長官(後に東ティモール大使)と会談する。沖縄県としてはシュワブ沿岸案は絶対に容認できないと明言した。辺野古を抱える名護市の岸本市長も、日米合意の前、市議会で「陸上案の場合は一〇〇パーセント拒否する」と答弁していたが、シュワブ沿岸案について「住民を説得できない」と述べ、受け入れ拒否を表明した。

十月三十一日、小泉は内閣改造を実施した。官房長官は細田から安倍に、外相も町村から麻生太郎(後に首相)にスイッチした。防衛庁長官も大野に代えて、経験者の額賀福志郎(後に財務相)を起用した。橋本、小渕の両元首相と同じ系譜の派閥の額賀に地元・沖縄の同意取りつけという困難な役回りを押しつけたと見た人が多かった。

それを承知の額賀は翌十一月一日、すぐに沖縄に出向いた。稲嶺や岸本に会って協力を求めたが、二人とも「シュワブ沿岸案のL字滑走路案はノー」と回答した。

小泉内閣となって、沖縄問題への対応姿勢で、沖縄の本土復帰後の歴代政権との違いが明確となった。

沖縄返還を実現した佐藤から、小泉の二代前の小渕まで、佐藤派、田中派、竹下派、小渕派、橋本派の首相の時代は、歴代政権が沖縄に深くかかわってきた。「沖縄の声に耳を傾ける」という柔軟路線が基本姿勢だった。

ところが、小泉や、後の安倍など、旧福田派の系譜の政権は、日米関係重視と政府主導の沖縄対策という方針を強く打ち出した。中央政界と沖縄のパイプも人的つながりも希薄となり、パイプが細くなっていく。

小泉とは派閥の流れを異にする額賀は、普天間問題で結果を出さなければ、自民党内で実力者の道を歩むことができないと意識したはずだ。辺野古移設で地元の合意取りつけにエネルギーを注いだ。

シュワブ沿岸Ｖ字案で日米合意

〇六年一月二十二日、病気で辞任した岸本の後継を選ぶ名護市長選で、岸本と同じく「シュワブ沿岸案反対」を唱える元名護市議会議長の島袋吉和が当選した。島袋は一方で、普天間基地の辺野古移設について、修正の条件付きで受け入れ容認の姿勢を示した。就任後の三月八日、許容できる範囲を示した上で、修正を条件に、政府との協議に応じる意向を表明した。

名護市長の受け入れ表明にもかかわらず、小泉は強硬だった。シュワブ沿岸案にこだわり続けた。

だが、二十八日の夜、東京の帝国ホテル内の料理店「なだ万」で額賀、自民党安全保障調査会長の山崎、守屋との会合でこんな言葉を口にした。守屋が前掲の『「普天間」交渉秘録』に書き記している。

「額賀　名護の連中、中々手強い。

山崎　歴代の内閣が甘やかしてしまったからだ。

総理　地元の意見を聞いてもチョットだけだ。１㎝だ」

翌二十九日付の朝日新聞が「なだ万」会合を報じた。

「首相らは、名護市側との修正協議について①政府案を原則とするが、１センチも譲らないわけではない②実現可能な案とする、との方針を改めて確認した」

額賀は地元の合意取りつけに奔走した。「辺野古移設と北部振興事業は車の両輪」と唱える。政府が打ち出した沖縄北部振興策をてこに、辺野古移設で地元の市町村長を説得する作戦であった。

三十日、額賀は沖縄県北部の東村の宮城茂村長、金武町の儀武剛町長、恩納村の志喜屋文康村長、宜野座村の東肇村長の四人を東京の防衛庁に呼んだ。「車の両輪」作戦が効果を発揮する。四人は政府案に同意する考えを伝えた。

額賀は四月二日の夜、守屋を伴って防衛庁で島袋と会談した。名護市の末松文信助役も同席した。末松がシュワブ沿岸案に対する反対論を述べる。額賀は「政治家同士で話を」と突っぱね、譲歩の可能性をにおわせながら島袋に「合意書に署名を」と迫った。

四月七日、額賀が従来のL字案ではなく、騒音や危険性を軽減するV字型滑走路建設の微修正案を島袋に提示した。島袋が最後に受諾する。受け入れ容認の北部四町村長も同意した。島袋と宜野座村の東がV字型案を基にした「普天間飛行場代替施設の建設に係る基本合意書」に署名した。

沖縄本島東岸の辺野古崎をはさむ大浦湾と辺野古湾を結ぶ形で、辺野古崎沿岸にV字型の二本の滑走路を建設する。工法は原則として埋め立て方式、一四年までに完成させるというプランであった。額賀の「車の両輪」作戦が奏功した。

額賀は後年、産経新聞の取材で、「V字案への変更にあたり重視したことは」という質問に、「沿岸案は頭越しに決定され、知事も市町村長も賛成できないとの立場だった。地元の名護市長の了解が得られる計画であれば、知事も反対する理由はなくなると考えた」と答えている（ウェブサイト「産経ニュース」一六年四月十二日公開の「普天間返還合意二〇年『辺野古移設と北部振興は車の両輪』〝V字滑走路〟ひらめいた」）。

最後まで抵抗したのは沖縄県である。北部の首長が受け入れ容認に転じ、稲嶺包囲網ができ上がった感があった。

日米両政府は〇六年五月一日、ワシントンで日米安全保障協議委員会（2プラス2）を開催した。在日米軍再編の最終報告（「再編実施のための日米のロードマップ」）を発表する。普天間移設ではV字滑走路のシュワブ沿岸案で合意した。

四面楚歌の稲嶺は五月十一日、上京して協議に臨む。「合意書に署名を」と迫る額賀に、「V字案を了承したわけではない。合意書ではなく確認書に」と抵抗した。

稲嶺は「継続的に協議する」という一点をのんで妥協する。沖縄県側で素案を策定し、防衛庁と県の事務方でまとめた「在沖米軍再編に係る基本確認書」にしぶしぶサインして幕を引いた。『稲嶺惠一回顧録』で述べている。

「額賀福志郎防衛庁長官との間で交わした『在沖米軍再編に係る基本確認書』は沖縄県側で素案を作り、事務方同士でまとめたものだ。前夜、私が額賀さんと会った段階で既に確認書は出来上がっていた。『普天間飛行場代替施設の建設計画について誠意をもって継続的に協議する』という部分がポイントだ。決してV字案を了承したわけではない。だから合意書ではなく確認書になった」

稲嶺は交渉の軌跡を振り返り、感じた点を書き添える。

「額賀さんは強引で簡単にあきらめない。（中略）それ以前までの額賀さんに対する印象は非常に良かった。自民党政調会長のころは、沖縄側の立場を十分に理解し、随分面倒を見てくれた。防衛庁長官として米軍再編にかかわった途端、驚くほど人が変わった。とにかくやり方が徹底している。取り込みたい人を缶詰めにし、時には酒を酌み交わしながら、ひざ詰めでゴリゴリ押してくる。自分は小泉純一郎首相から権限を委譲されていると強調していた。それだけ額賀さん自身、気持ちの上で小泉首相に追い詰められていた意識が強かったのではないか」

小渕内閣時代の一九九九年十二月の閣議決定は廃止となった。

「それまでの苦労が一瞬のうちに水泡に帰した。深い挫折感を味わった。（中略）政府が言う『協議』とは、一応話し合いに応じるという意味だ。県外移設が実現するまでの暫定ヘリポート建設案も含め、県の主張には全く耳を貸さなかった」

日米関係重視で普天間問題の解決を優先させる小泉政権は、「沖縄県との深い溝」には目をつぶり、政府主導で移設実現を目指す道を選択したのである。

第8章

鳩山由紀夫の「最低でも県外」発言

――「初期化」された普天間

稲嶺進名護市長との会談後、記者の質問に答える鳩山由紀夫首相。2010年５月４日（共同）

衆参ねじれで連続首相交代

小泉内閣は二〇〇六（平成十八）年五月三十日、小渕内閣が一九九九年十二月二十八日に決定した「普天間飛行場の移設に係る政府方針」の廃止を閣議決定した。小渕内閣以後の歴代政権は、この政府方針に基づいて、二〇〇〇年度から沖縄県北部の十二市町村に毎年一〇〇億円規模の北部振興策を実施してきたが、それも〇六年度で打ち切りとなった。沖縄側は県も関係市町村も猛反発した。手を焼いた小泉政権は〇六年八月、普天間移設に関する準備協議機関を設置する。沖縄側は北部振興策の復活が参加の条件と回答した。政府は了承し、八月二十九日に普天間移設協議会の第一回会合が開催された。話し合いは始まったが、政府主導で普天間移設の実現を目指す防衛庁と沖縄側の溝は深かった。

小泉は九月、自民党総裁任期満了に伴い、在任五年五ヵ月で政権の座を降りた。九月二十六日、小泉の後継者として、官房長官だった安倍が政権を握った。

一方、沖縄では、稲嶺が二期八年で退陣し、十一月に知事選が行われた。後継知事には、普天間飛行場の県内移設反対を唱える糸数慶子《いとかずけいこ》（現参議院議員）を破って、仲井眞が選出された。

第一次安倍内閣は〇七年一月、防衛庁の悲願だった省昇格を実現する。五月、米軍再編を推進するための米軍再編特措法（駐留軍等の再編の円滑な実施に関する特別措置法）を成立させた。

米軍再編対策交付金制度が創設され、地元対策として、防衛相が交付の選定権を持つ再編交付金が認められた。新制度を手にして、防衛省は強硬路線を突っ走った。

安倍は就任十ヵ月後の七月二十九日、参院選でつまずいた。年金問題で逆風にさらされたまま選挙を迎え、小沢代表が率いる民主党に大敗を喫した。衆参ねじれが起こり、政権は危機に直面した。

八月六日、防衛相の小池百合子（現東京都知事）が首相官邸を訪れ、事務次官の守屋を含む防衛省の人事について安倍と協議した。小池は七月四日に辞任した久間の後任で、在任一ヵ月が過ぎたところである。

小池が自著『女子の本懐』にその日の模様を書き記している。

「次官就任以来五年目に入った守屋次官を退任させ、後任には情報保全の強化を見据えて、警察庁出身の西川徹矢官房長を置く案を示した。総理は『五年目でしょ。いくらなんでも長すぎますよね。進めてください』と反応した」

小池は異例の長期次官の守屋を退任させる人事を断行した。

安倍は政権維持に懸命だった。立て直しを企図して八月二十七日に内閣改造を行ったが、低迷から抜け出せない。体調不良が重なる。九月二十六日に在任一年で退陣となった。代わって福田首相が登場した。国会は衆参ねじれで、発足時から「弱体政権」であった。普天間問題でも、守屋次官時代の強硬路線から柔軟姿勢に、転換を図った。沖縄側が強く望む北部振興事業予算の復活を表明した。

福田は小沢との大連立協議でねじれ克服を目指したが、民主党内の反対で不調に終わる。政権運営は行き詰まった。福田内閣は〇八年九月、第一次安倍内閣と同じくわずか一年で終幕となった。

次の麻生首相は衆議院議員の任期満了まで残り一年という時期に政権を担った。最大の課題は衆議院の解散・総選挙であった。

麻生は就任時、早期解散をねらったが、リーマン・ショック後の経済対策優先論や党内の解散反対論に押され、結局、「事実上の任期満了総選挙」を余儀なくされた。〇九年七月二十一日に解散し、総選挙は任期満了まで二週間足らずの八月三十日に実施された。

鳩山発言の根底に「常時駐留なき安保」

政権交代を視野に入れる民主党では、五月、政治資金疑惑で辞任に追い込まれた小沢に代わって、幹事長だった鳩山が後継代表に選出された。次期首相候補だが、突然の交代で、準備不足は否定できなかった。

鳩山は解散の二日前の七月十九日、民主党公認候補だった玉城の応援演説で沖縄市の市民会館に出かけた。玉城は後の沖縄県知事である。

聴衆が会場を埋め尽くしている。鳩山は注目の普天間移設問題に言及した。

「県民の気持ちが一つならば、最低でも県外の方向で、われわれも積極的に行動を起こさなければならない」

後に政権を揺るがし、鳩山の首相辞任の原因にもなる問題発言が飛び出した。

総選挙後の政権交代と自身の首相就任を目前にした段階で、鳩山は普天間問題でなぜ思い切った言葉を発したのか。

後に自著『脱大日本主義　「成熟の時代」の国のかたち』（一七年六月刊。著者名は鳩山友紀夫）で、「普天間基地の海外または県外への移設を主張し、長期的方針として『東アジア共同体』の構築を掲げ、『常時駐留なき日米安全保障体制』の実現を持論としてきた」と明かした上で、鳩山は中国や北朝鮮の「核保有」という現実を踏まえ、論拠を説明している。

「これに対抗するとして韓国や日本の国内にも核武装論が再び登場してきつつあります。私は核武装論を認めるわけにはいきません。北朝鮮の核やミサイルの対象は米国であり日本ではないのですが、対米従属が続く限り米軍基地のある日本が狙われる可能性はあります。六〇年代に高坂正堯氏が説いたように、私は今も、米国との従属関係を弱め、周辺諸国に対する外交能力を高めることで、地域の緊張を緩和することができると考えています。常時駐留なき安保は米国との従属関係を弱めるための一里塚です。段階的な米軍基地縮減を進め、最終的には米軍の日本国土からの完全撤退を目指すべきでしょう」

京大教授だった高坂は一九六〇年代から九〇年代にかけて活躍した著名な国際政治学者で、『海洋国家日本の構想』を筆頭に『宰相吉田茂』『政治的思考の復権』『世界地図の中で考える』など多数の著作と説得力に富んだ言説で知られた。

総選挙後の民主党の首相候補が解散直前に行った演説である。党の公約に沿った発言と受け止めた人も多かった。

ところが、二〇〇九年八月十八日発行の「民主党政権公約」と題するマニフェストには、「日米地位協定の改定を提起し、米軍再編や在日米軍基地のあり方についても見直しの方向で臨む」(「7　外交」の「51　緊密で対等な日米関係を築く」)と、控えめにうたわれているだけだった。

鳩山自身、前掲の『脱大日本主義』で、「『最低でも県外』と言う趣旨の内容はすでに民主党の『沖縄ビジョン』に記されていましたが、政権交代時の民主党のマニフェストにはそこまで明確には書き入れていませんでした。それだけに、私の『最低でも県外』発言は言い過ぎだと、党内からも批判があり、政権交代後に民主党や閣僚の全面的な協力がなかなか得られませんでした」と認めている。

マニフェスト策定の責任者だった直嶋正行（当時の民主党政調会長。後に経済産業相）が著書『次の、日本。――次代の成長戦略へ。流れは、変わる。』で述べる。

「二〇〇八年九月に自民党の福田康夫首相が辞めたときから、『二〇〇九マニフェスト』の準備は始まっていた。その年の一〇月下旬にでも総選挙が行われるのではないか、という観測があったからだ。（中略）基本になったのは、政策調査会の各部門会議から集められた政策提案だった。部門会議では各省庁に対応して勉強会や議論を重ねているので、上がってくる内容は大変分厚い。これをすべて精査して、まず一〇〇項目ほどに絞り、さらに検討を重ねながら最終的に五五項目に絞り込んで、政策各論とした。ということは、民主党の議員のほとんどすべての意見が反映されているのである。各論の中から重点政策として五領域にまとめて大きく掲載しているが、ここには当時の鳩山代表の哲学や理念が反映している」

鳩山は力を入れていた重点政策の五領域（「ムダづかい」「子育て・教育」「年金・医療」「地域主権」「雇用・経済」）には大きな関心を示したようだが、五十五項目の五十一番目に並べられた「米軍再編」や「在日米軍基地問題」に注意を払った形跡はなかった。

マニフェストの取りまとめ役を担ったのは、政調会の筆頭副会長だった細野豪志（後に環境相、民主党幹事長）である。日本再建イニシアティブ著『民主党政権　失敗の検証』が解説している。

「細野豪志は、『沖縄の問題は非常に難しいということは分かっていた』と述懐する。在日米軍基地問題をめぐって『見直しの方向で臨む』と筆を入れた細野の真意は、『方向』『臨む』という二重のリスクヘッジをすることで、見直しを前提にして対米政策の手足を縛ることなく、フリーハンドで米国と交渉できる環境を保つことにあった。同時期に民主党きっての外交スペシャリストである長島昭久も、岡田克也幹事長など党執行部にあてたメモで、外交政策で極端な立場を定めることへ警鐘を鳴らしたという。その結果、マニフェストの文言は『何段階も曖昧に』なっていた。細野のヘッジ戦略は、鳩山代表にも伝えられたはずだった」

だが、鳩山は〇九年七月に「最低でも県外」と発言したのだ。

嘉手納統合案に再び着目した岡田外相

八月三十日に実施された総選挙で、民主党は歴史的大勝となる三〇八議席を獲得した。

過半数の二四一を単独で六七も上回った。

政権交代が実現したが、参議院では、国民新党や新党日本を含む民主党の会派は一一八議席しかなく、過半数一二一（欠員二で総数二四〇）に三人足りなかったため、社民党、国民新党（共に参議院で五議席）との連立政権で船出した。

連立与党三党は多くの政策で一致していたが、基本路線の違いを棚上げ、先送りにして、数合わせで歩調を合わせた面があった。「ガラス細工の連立」と言われた。

三党の連携は〇七年の参院選での選挙協力がスタートだった。当時、社民党幹事長だった又市征治（現党首）が振り返った。

「政策のすり合わせなんかは言わなくていいんです。基本的に理念、政策は違っている。ただ参議院の与野党逆転は国民も期待するところだから、その範囲でバーター方式で協力しました」

民主党は総選挙の前から社民党、国民新党と連立樹立の話し合いを進め、合意を得て総選挙に臨んだ。選挙協力にとどまらず、三党は連立樹立まで突き進んだ。参議院での過半数確保に社民党の参加が欠かせなかったからだ。

総選挙後、三党の連立協議が始まる。社民党は日米地位協定の全面改正や普天間飛行場の閉鎖・返還、県外移設の明記を強く主張した。だが、民主党が受け入れない。

民主党の責任者だった岡田克也（鳩山内閣で外相に。後に民進党代表）が薬師寺克行（元朝日新聞論説委員）の著『証言　民主党政権』で回顧している。

「3党で連立協議をやり、連立政権合意書と政策合意を作った。私が幹事長で4～5日かけてやりました。このとき社民党は普天間問題について県外移設を明記するように強く求めてきたんですが、あえて入れずに合意しました」

「具体的な表現を入れないということで慎重にやることにした。私は記者会見でも県外なんてことは一度も言ってないです。ところが鳩山総理ご自身が県外ということをどんどん言った」

連立協議では、普天間問題で調整が難航し、最終的に「沖縄県民の負担軽減」という表現を盛り込むことで〇九年九月九日に合意にこぎ着けた。成立した連立政権合意と政策合意では、社民党の主張は採用されなかった。数合わせのために基本政策の不一致にふたをして手を結んだのだ。

三党連立で九月十六日に鳩山内閣が発足する。参議院議員だった北沢俊美は野党時代、長く参議院の外交防衛委員長を務め、防衛省の内情や防衛政策に詳しかった。鳩山はその点に着目して防衛相に起用した。

北沢が鳩山発言を振り返った。

「鳩山さんは『常時駐留なき安保』という考え方がずっと根底にあり、象徴的な意味で、戦略的にしゃべったんです。だが、野党党首の発言と、首相として現実を踏まえてどうするかという問題を全部、一緒にしてしまった。普天間問題では、一九九六年の最初の日米合意の重さに対する認識が少し浅かったのでは、という気がした」

前掲の『証言　民主党政権』によると、外相となった岡田は防衛相の北沢と二人で鳩山にこう進言したという。

「この問題はわれわれ2人でやります。われわれ閣僚にはいつでも代わりはいます。しかし総理大臣の代わりは簡単にはいないんだからわれわれに任せてもらいたい。総理はこの問題にちょっと距離を置いてください」

鳩山はその後も普天間問題で質問を浴びると、自身の意見を披露し続けた。二〇〇九年十月七日、報道陣に対して、「マニフェストは一つの約束だから簡単に変えるべきではない」「日米合意の前提がある」と述べ、辺野古移設容認をにおわす発言を口にしたかと思うと、翌八日には「辺野古とは一言も申し上げていない」と言い放った（朝日新聞政権取材センター編『民主党政権１００日の真相』参照）。

防衛相だった北沢が語る。

「この問題では、第一に、沖縄の人たちを失望させてはいけない。第二に、期待を膨らませすぎてもいけない。加えて、日米のきずなを棄損する政策は打ち出すべきではない。それで、防衛相として、日米合意事項の辺野古移設という原案に帰るべきだと早めに打ち出しました」

一方で、鳩山政権として前政権の決定を徹底的に検証しようという話になる。北沢は一九九六年四月の日米合意から二〇〇六年五月の日米のロードマップまでの経緯を調べ直した。

岡田は沖縄県中頭郡の嘉手納町、北谷町、沖縄市にまたがるアメリカ空軍嘉手納基地との統合案を検証したいと言い出した。北沢が続ける。

「外務省でヒアリングを受け、まじめな人だから、嘉手納統合案がなぜできなかったのか、その裏の検証ができていないと思った。私は『それはだめだよ』と言ったけど、『どうしてもやりたい』と言うから、『だめとなったらどうするの。十二月いっぱいまでですよ』と期限を切りました。岡田さんは『だめだったら、辺野古移設の原案に戻る』と率直に述べたから、『それじゃあ、なるべく早く』と答え、結果的に私と岡田さんは同じ方針で行くことになりました」

嘉手納統合案はアメリカ側の反対や地元の嘉手納町などの抵抗が大きく、実現可能性は乏しいと見られてきた。それを承知で、岡田が再び着目したのは、県外移設を主張する社民党だけでなく、「辺野古移設容認なら、何のための政権交代か」と唱える民主党内の声が耳に入っていたからだ。

止まらない鳩山の迷走

○九年十一月上旬にアメリカのオバマ大統領が来日することになっている。事前調整のため、ロバート・ゲーツ国防長官が十月二十日、東京を訪れた。鳩山、岡田、北沢と相次いで会談した。

ゲーツは「辺野古移設が唯一、実現可能な案。着実に実施を」と繰り返し迫る。岡田は「困難な状況に理解を」と述べ、北沢は「前政権までの経緯を検証中」と答えた。大統領訪日の地ならしが目的なのに、鳩山政権は明確な方針を示せなかった。

オバマは当初の予定よりも一日遅れて十一月十三日の午後、大統領専用機「エアフォース・ワン」で羽田空港に到着した。夜、首相官邸で日米首脳会談が行われた。

鳩山は「日米同盟は日本外交の基軸」と型通りの言葉を述べる。オバマは「アジア歴訪の最初の国として日本を選んだ」とエールを送った（読売新聞政治部著『民主党　迷走と裏切りの３００日』参照）。

首脳会談で、普天間問題はオバマが切り出した。「チェンジ」を叫んで登場したオバマは、「政権交代に伴う政策の見直し」には理解を示しながら、「基本は守るべきだ」と厳しく注文をつけた。

「トラスト・ミー」

私を信じて、と鳩山は応じた。

ところが、その後も鳩山の迷走は止まらなかった。普天間問題解決の糸口が見つからないどころか、そこまでの苦心が水泡に帰するほどの禍根を将来に残すことになる。

「ガラス細工の連立」による三党の不協和音は、鳩山政権発足から二ヵ月が過ぎたあたりから目立ち始めた。十一月下旬から十二月初め、郵政株式売却凍結法案、〇九年度第二次補正予算、それに普天間問題をめぐって、三党の足並みの乱れが問題となった。

郵政株式売却凍結法案は、国民新党の主導で国会を延長し、強行採決で可決・成立に持ち込んだ。十二月八日に決着した補正予算は、当初の二兆七〇〇〇億円が七兆二〇〇〇億円に増額となったが、社民党と国民新党の共闘による「ごり押しの成果」だった。普天間問題では、社民党が連立離脱を示唆して「県外・国外移設」に固執した。

鳩山内閣に特命担当相で入閣した社民党の福島みずほ党首（現副党首）は、党内事情もあって「連立離脱カード」を振り回した。金融担当相となった国民新党の亀井代表も、党利党略絡みで社民党寄りに構えた。調整役の平野博文官房長官（後に文科相）も右往左往し、鳩山首相はその場しのぎのあいまい路線で結論先送りを決め込む。

普天間問題は日米関係、沖縄の住民感情、民主党の公約、連立政権の安定度などがからみ、出口が見つからなかった。連立の枠組みの問題に直結するため、最終処理は剛腕で鳴らす民主党の小沢幹事長にゆだねるしかないという空気が強かったが、小沢は「政策不介入」「内閣一元化」という基本方針を盾に、「内閣で処理を」と突き放した。

普天間返還の日米合意を決めた橋本内閣で沖縄開発庁長官を務め、次の小渕内閣で官房副長官として沖縄問題に深くかかわってきた鈴木が鳩山内閣時代、民主党政権の問題点を指摘した。

「小渕内閣では野中官房長官も私も何とか国民の理解を得ようと努力しました。だが、鳩山内閣はみんな一国一城の主みたいで、自分が首相を守るという気合いで情熱を持って訴えるプレーヤーがいない。政権交代した場合、大枠の外交の継続性は維持すべきだが、滑走路の移設場所といった問題は新しい発想があっていい。鳩山さんも気を使いすぎている面があります。時にアメリカにも注文する。国内的にも厳しく出ることが必要です」

衆議院議員時代、北海道選出だった鈴木は、こんな独自プランも提唱した。

「われわれも環境を作らなければ。私は普天間のヘリコプターの訓練は北海道で受けてもいいと思っています。今、別海《べつかい》町の矢臼別《やうすべつ》で米海兵隊の実射訓練をやっています。国家の平和と安全のためにはみんなが等しく責任を持つべき」

鳩山は全国の在日米軍施設の約七四パーセントが集中する沖縄県の過剰な基地負担の除去を目指して「最低でも県外」と唱えたが、鳩山発言以前に、わずかながら米軍基地を県外、つまり本土に移した実例があった。一九九七年から始まった海兵隊による実弾砲撃訓練の県外移転と嘉手納基地での空軍による訓練の一部移転である。

鈴木が動き、地元の北海道厚岸《あっけし》町、浜中町、別海町にまたがる陸上自衛隊の矢臼別演習場など全国五ヵ所に持ち回りで移転するという「初の本土移転プラン」を実現させた。鈴木が告白する。

「沖縄で県道を一時遮断して実射訓練をやっていたのを持っていきました。沖縄では喜ばれたけど、私の地元は酪農地帯だから、牛に被害が出ると反対が強かった」

徳之島への分散移転という腹案

首相ながら、孤立無援でかじを握って嵐の海に立ち向かう船長のような鳩山は、右に左に揺れ続けた。普天間問題で二〇〇九年十一月十三日に「前政権の日米合意は重く受け止めている」と語ったかと思うと、翌日には「合意が前提なら、この問題の作業部会も作る必要がない」と発言した。

社民党の福島は十二月三日、「普天間移設が辺野古なら、政権離脱を検討する」と鳩山に迫る。鳩山内閣は年内決着の方向だったが、一〇年度予算の年内編成を重視し、「普天間問題の政局化」を懸念して先送りを決めた。

十五日、関係閣僚と福島、亀井を加えた基本政策閣僚委員会で、〇六年の日米合意の見直し、移設先の選定のやり直しという方針を決定した。与党三党の合意に基づき、鳩山は〇九年十二月二十五日、「普天間問題は来年五月に決着」と正式に表明した。

一〇年一月、普天間移設の候補地である名護市で市長選が行われ、民主党などが支援する移設受け入れ反対派の新人が、容認派の現職市長を制して当選した。

決着を先送りして移設先を改めて選定することになった鳩山政権は、検討作業を進める。三月二十三日に新たな移設候補地として鹿児島県徳之島案、名護市の米軍キャンプ・シュワブ陸上部案、沖縄県うるま市の米軍ホワイトビーチ沖案の三案に絞った。

政府は社民党、国民新党の両党に伝える。だが、福島は「県内はノー。それが民意」と反発した。

三月三十一日、民主党政権下で二回目の党首討論が国会で開かれた。鳩山は「五月決着」を重ねて強調する。続けて言い放った。

「腹案の持ち合わせがある。自信を持っている」

腹案というのは、沖縄県外への移設となる徳之島への分散移転であった。防衛相だった北沢が証言した。

「徳之島は平野官房長官の案でした。私は取り合わなかったが、平野さんは徳之島とホワイトビーチに非常に関心が高く、最終的に徳之島に、と思った。使われていない古い滑走路があり、活用したいと考えたんです。技術屋の平野さんは官房長官室で図面に自分で絵を描いたりしてご執心だった」

地元は反発した。四月十八日、島内で一万五〇〇〇人集会を開き、反対声明を打ち出した。

受け入れ反対は現地だけではなかった。米軍も難色を示した。北沢が続ける。

「普天間にあるのは米軍の海兵隊の航空隊ですが、移す場合も、海兵隊が常駐する場所の近くにいなければ意味がないという不文律みたいな規定が米軍にあった。徳之島は距離がありすぎる。そういう事情もありました」

北沢自身は鳩山政権内でもう一つのキャンプ・シュワブ陸上部案を推した。

「私は相当、調査させた。基地の中に滑走路を造るのだから、新しい基地を造る必要がない。国道をまたぐとか、丘陵地帯があるとか、いろいろな問題がありましたが、それは解決できる話です。結局、当時の沖縄県の仲井眞知事が賛成しなかった。知事は『北沢さんの案はレトリックだ』と言っていましたが、沖縄県のトップとして埋め立てによる基地建設で巨大な公共事業が沖縄に、と考えたのではないかと思う」

三案とも難があり、鳩山政権は八方ふさがりを余儀なくされた。四月二十一日、国会で三回目の党首討論が行われた。自民党の谷垣総裁が約三十五分、鳩山を攻め立てたが、九割が普天間問題だった。

「『職を賭して』と約束を」

谷垣は退路遮断を迫る。だが、鳩山は決意の強調に終始し、責任論には言質を与えない。

一方で、こんな言葉を発する。

「県民の負担軽減をと愚直に思ったのは決して間違いではない」

「海兵隊を含む米軍の抑止力が果たしている役割は大きい。沖縄から距離的に遠くへ移すことは物理的に適当ではないという中で、さまざまな選択肢を考えている」

民主党政権が誕生した〇九年九月、自民党の古参政治家の一人が「鳩山内閣は八ヵ月目で最初の危機に直面する」と予想を口にした。

「八ヵ月目危機説」は、新政権に対する国民の忍耐の限度、未経験の新首相の力量の限界などが根拠となっていて、鳩山はそこで賞味期限切れになるという見立てだが、一九九三年に政権交代を実現して八ヵ月目で沈没した非自民連立の細川内閣という実例もあった。

鳩山政権の八ヵ月目は二〇一〇年五月である。予想どおり四月十九日発表の朝日新聞の調査で、内閣支持率が危険水域の二〇パーセント台に初めて転落した。ゴールデンウィークの前後から「五月政権危機説」が現実味を帯びてきた。

問われた言葉の重み

「首相退陣も」「衆参同日選」という声も流れ始めた。退陣説は普天間問題の「五月末決着」の失敗による引責辞任説が下敷きになっている。七月の参院選と総選挙の同日選論は民主党政権の危機突破と野党威嚇作戦とが背中合わせだった。

危機の原因は普天間だけではなかった。政権の二本柱の鳩山と小沢の二人が「政治とカネ」の問題で指弾を受けた。鳩山は資金管理団体「友愛政経懇話会」をめぐる偽装献金事件、小沢も資金管理団体「陸山会」の土地取引事件で検察の追及を受けた。

検察当局の判断に対して、検察審査会が友愛政経懇話会をめぐる偽装献金事件については四月二十一日付で「不起訴相当」、陸山会の土地取引事件では四月二十八日付で「起訴相当」と議決した。

小沢は幹事長続投を表明した。だが、参院選を控えて、内閣支持率が続落すれば、政権は危機に直面する。〇九年の総選挙での「歴史的な政権交代」が失敗に終わる可能性があった。それを阻止するために、最優先で普天間問題の回答を導き出す必要があった。

「不起訴相当」で事件が決着した鳩山は連休中、沖縄を訪ねた。

「学べば学ぶにつけ、沖縄の米軍全体と海兵隊が連携している中で抑止力が維持できる、という思いに至った」

一〇年五月四日、名護市の稲嶺進市長と会談した後、報道陣に向かって発言した。そんな事情とは知らなかった、と素直に認めたのだ。

正直で温順、政治家臭がなく、親しみやすいという評もないわけではなかった。だが、甘い、軽い、安直、無責任といった批判も多かった。

鳩山は普天間問題で過去に「県外」「一〇年五月まで」「腹案あり」と公言した。続いて五月四日には、「沖縄県民にお詫びを」「公約は党の公約。発言は私の発言」と口にした。首相としての覚悟にも問題があったが、併せて言葉の重みが問われたのだ。

鳩山が自ら「五月末」と明言した決着期限が近づいた。「海外か最低でも県外」という鳩山のプランは未達成で期限切れとなる気配が濃厚であった。

「『最低でも県外』は党の公約ではなく、努力目標」

「六月以降も努力」

五月に入ってつじつま合わせの発言が相次ぐ。約束破綻、食言と言われても反論できなかった。

国民の期待と支持は薄れる一方だったが、与党内は奇妙な沈黙が支配した。最大勢力を擁する小沢は首相支持の姿勢を変えない。小沢と距離を置く仙谷由人《せんごくよしと》（後に官房長官）や前原誠司（後に民進党代表）、枝野幸男（現立憲民主党代表）も、「普天間決着失敗でも辞任不要」と早々に打ち出し、政変回避の姿勢を示した。

一方、「五月末決着」をにらんで、日米の実務者による協議も、五月下旬から始まったが、五月二十二日、日米両政府は共同声明案に大筋で合意した。普天間移設先は従来どおり名護市の辺野古周辺と明記し、基地の負担軽減策として普天間の海兵隊の訓練を沖縄県外に移すという内容である。鳩山が唱えてきた「海外または県外」は幻に終わった。

二十八日、共同声明が発表になった。だが、政府の方針に反対を表明する福島は、閣議決定への署名を拒否した。鳩山はやむなく福島を罷免する。社民党は三十日、連立離脱を決定した。三党連立体制というガラス細工は粉々になった。

内閣支持率はさらに下落する。三十一日発表の共同通信の調査で二〇パーセントを割り込み、一九・一パーセントまで落ち込んだ。ついに民主党内で首相の責任論が噴き出した。

鳩山は観念した。六月二日、退陣を表明した。

「国民のみなさんの昨年の熱い夏の戦い、その結果、日本の政治の歴史は大きく変わりま

した。国民のみなさんの判断は決して間違っていなかった。私は今でもそう確信していま
す」

　午前十時から始まった民主党両院議員総会で、鳩山は時に涙を浮かべ、二十分にわたって熱弁を振るった。「国民が徐々に聞く耳を持たなくなってしまった」と述べ、自ら二つの原因を上げた。

「やはりその一つは普天間の問題でしょう。……今一つは『政治とカネ』の問題でした」

　さらに言葉を継ぐ。

「私も退きます。しかし、幹事長も、恐縮ですが、幹事長の職を退いていただきたい、と申し上げた。幹事長も、分かった、と」

「小鳩」同時辞任が決まった。

　官房副長官として鳩山に付き添った松井孝治（元参議院議員。現慶大教授）が、鳩山内閣八ヵ月を振り返り、「首相に政治的な情報が入らなかった。私らがきめ細かく情報を上げておけば、という面があった。ここが反省点」と前置きして、鳩山の「迷走発言」について語った。

「首相の発言は重い。ぶれていると言われたが、どう補正していくか、調整できる仕組みを作らないと情報氾濫の時代の政治は乗り切れません。政治家には自分の発言を自制し、

ミスリードされた報道を修正する資質が必要ですね」

鳩山は普天間問題で一九九六年四月以来、歴代政権が積み上げてきた十三年の「履歴」を一人で消去して「初期化」した。だが、「再起動」に着手せず、政権の座を降りた。

それから現在まで八年余が過ぎたが、普天間の「画面」は今も停止状態のままである。

仲井眞知事誕生の背景

「最低でも県外」と口走った鳩山は、結局、自身の発言のしりぬぐいができず、政権の座を降りた。首相辞任によって、結果的に鳩山発言は絵空事に終わったが、現地の沖縄に与えた影響は大きかった。

沖縄の保守陣営は、過重な基地負担について、長い間、経済振興と引き換えに、県民の理解と同意を得るという努力を重ねてきた。ところが、首相の座に就いた鳩山が、政権獲得の直前、自ら「最低でも県外」と唱え、政府を担った後も撤回せず、しばらくは到達の道を探り続けたのだ。

地元の沖縄では「県外移転」への期待が一気に高まった。一方で、自民党政権時代に「苦渋の選択」で「県内移設容認」の立場に立ってきた沖縄県内の保守陣営にも、これからは無理して「県内移設容認」を説く必要はなくなったという安堵感が生まれた。

沖縄県の知事は一期目の仲井眞であった。〇六年十一月に二期八年、在任して勇退した稲嶺の後任である。

第7章で述べたとおり、稲嶺時代末期の〇六年五月十一日、普天間移設問題で日米両政府が合意した「V字滑走路のシュワブ沿岸案」について、小泉内閣の額賀防衛庁長官が稲嶺知事に「合意書に署名を」と迫り、稲嶺は「継続的に協議する」という一点をのんで、合意書ではなく、確認書にサインした。安倍内閣が現在、建設実現を企図している辺野古移設計画の基となった案である。

四十九日後の六月二十九日、稲嶺は十一月に訪れる次期知事選への不出馬を表明した。後年、インタビューで「知事は二期まで」と早くから決めていたと語った。

「一九九八年に知事になったとき、最初は一期だけというつもりでしたが、支持が高かったので、二〇〇二年の知事選も戦い、大差で勝って二期目に入った。だが、そのときから二期でおしまいと決め、外に向かっても公言していました」

後継候補に仲井眞が浮上した背景を稲嶺が振り返る。

「私はみんなで選んで下さいと言いました。仲井眞さん、西銘恒三郎さん（現衆議院議員）の二人の候補がいたが、西銘さんはその気が全然なかった。仲井眞さんは意欲満々でした。後で聞いた話だと、私が知事になる前から『将来は知事に』と思っていたようです。全員が後継候補に仲井眞さんを推しました。優秀な人材で使命感もあり、沖縄の産業振興に熱心でした」

稲嶺は地元企業の経営者から知事となったが、仲井眞は通産官僚から沖縄県副知事、沖縄電力の社長、会長を経て知事選に出た。

地元での長期にわたる多層的な取材に基づく前掲の『普天間・辺野古　歪められた二〇年』は、二代の保守知事を比較して仲井眞をこう評している。

「経歴から抱く堅いイメージとは裏腹に、性格はあけすけなところがあり、建前を嫌い、感情も隠さず本音で語ろうとする、ある意味で稲嶺前知事とは対照的な面もあった。また、実態はともかく、稲嶺が折に触れて『県民党』の旗印を掲げたのとは異なり、同じ経済界出身の保守政治家でも、仲井真は与党への肩入れがストレートであった」

ポスト稲嶺選出の知事選は〇六年十一月十九日に実施された。選挙戦では当然、懸案の普天間飛行場移設問題が焦点となった。

民主党、沖縄社大党、共産党などが推す参議院議員の糸数は、「新基地反対」「国外移設」を主張した。自民党・公明党推薦の仲井眞は、V字滑走路案には反対を唱えながら、沖合移動の条件付きで移設容認という姿勢を示した。

仲井眞が糸数に約三万七〇〇〇票の差をつけて当選する。保守県政継承を果たした。

知事となって二年八ヵ月後に「鳩山発言」に遭遇する。一期目の任期満了に伴う知事選は、鳩山が「前言撤回」の末、政権の座を降りてから五ヵ月が過ぎた一〇年十一月に行われた。

安倍の力点は「日米同盟の復活」

仲井眞は二回目の知事選では、普天間基地問題で、一転して「県外移設」と「日米合意の見直し」を公約に掲げた。選挙は沖縄社大党、民主党、共産党などが支援する前宜野湾市長の伊波洋一との事実上の一騎討ちだったが、普天間問題では両者に大きな違いはなく、知事選の争点から外れた形となった。

後に一三年四月から一四年十二月まで仲井眞の下で副知事を務め、基地問題などを担当した高良は、鳩山とも交流があり、政権獲得前、当時の民主党の関係者からマニフェスト（政権公約）作りで意見を求められたりしたという。一〇年の知事選で仲井眞が「県外移設」を唱えた背景について、高良が述べる。

「鳩山発言を聞いて、沖縄県民は大いに期待しました。それが元の案に戻ったときの失望と落胆は大きかったが、まだ全部ぺしゃんこになっているわけではなかった。それで、仲井眞さんは鳩山発言とコラボレーションする形で『移設見直し』を唱えたのですよ」

仲井眞は知事選では、地元保守政界の実力者で二〇〇〇年から那覇市長を務める翁長に選対本部長を頼み込んだ。翁長が『戦う民意』で回想している。

「私は仲井眞候補の選対本部長を務めました。私は選対本部長の依頼を当初断りました。前回知事選で仲井眞さんは普天間基地の『県内移設』を主張して初当選しましたが、私は口が裂けても『県内移設』とは言えなかったからです。『それでも絶対にお願いしたい』と押されて何時間も議論しました。『では政策は県外移設ですよ』と念を押すと、仲井眞さんは『うーん』とうなって、それからまた何時間も話し合いました。最終的には政策の大きな柱に『県外移設』を据えることで合意しました」

仲井眞の「県外移設」の主張には、次の一四年の知事選で対決することになる翁長が大きな役割を果たしていたのだ。仲井眞は三万八〇〇〇票余りの差で伊波を破り、二期目にこぎ出した。

沖縄県の自民党は、仲井眞の転換に足並みをそろえるように、鳩山発言の後、「辺野古容認」の旗を降ろし、「県外移設」に転じた。

二年後の一二年十二月、民主党政権三代目の野田首相の下で総選挙が実施された。民主党は衆議院解散時の二三三議席から五七議席へ壊滅的な敗北を喫し、野党に転落した。

この選挙で、民主党、自民党とも、党本部が打ち出した公約では在日米軍再編について

「着実に」とうたっただけで、普天間問題に触れなかった。だが、沖縄では共産党、社民党だけでなく、民主党候補も自民党候補も「県外移設」を唱えた。県内の四つの小選挙区は自民党が三議席、社民党が一議席を握ったが、自民党の当選者も全員が「県外移設」派だった。

政権交代で三年三ヵ月ぶりに自民党と公明党の連立内閣が復活する。総選挙の三ヵ月前、一二年九月に五年の充電期間の後に自民党総裁に復帰した安倍が十二月二十六日、二度目の首相となった。

安倍は総選挙が終わるまで普天間問題への態度表明は慎重に回避していたが、首相就任の直前、辺野古移設の推進を表明した。「鳩山発言」前の自民党政権時代の路線への回帰を明確にしたのだ。

首相に復帰して初の通常国会が一三年一月二十八日に召集された。午前十時から安倍は衆議院本会議で所信表明演説を行った。「外交・安全保障の抜本的な立て直しが急務」「その基軸となる日米同盟を一層強化」と訴え、沖縄問題に言及した。

「二月第三週に予定される日米首脳会談において、緊密な日米同盟の復活を内外に示していく決意です。同時に、普天間飛行場の移設を始めとする沖縄の負担の軽減に全力で取り組みます」

三十日、衆議院本会議での代表質問で、当時の日本維新の会国会議員団代表の平沼赳夫(元経産相)の問いに答える。

「普天間飛行場の移設を含む在日米軍再編については、現行の日米合意に従って進め、抑止力を維持しつつ、沖縄の負担軽減に全力で取り組んでまいります」(以上、「第百八十三国会・衆議院本会議第二号会議録」より)

「沖縄の負担軽減に全力で」と繰り返し答弁しているが、安倍の主張の力点は「日米同盟の復活」である。民主党政権の三年三ヵ月は「経済無策」「日米関係悪化」と断じ、アベノミクスによる景気浮揚とともに、日米同盟の復活・強化が緊切で不可避のテーマという認識であった。

関係緊密化を企図する安倍は政権復帰後、直ちに日米首脳会談の設定に動く。就任二ヵ月後の一三年二月二十二日から二度目の首相として初めての訪米が決まった。

「有史以来の沖縄振興予算」

安倍は訪米前の二月二日、沖縄・北方対策担当相の山本一太(参議院議員)を伴って沖縄に出向いた。

「普天間基地の固定化はあってはならないことで、米国との合意の中で進めていきたい」

仲井眞との懇談で述べた。

訪米の地ならしのための沖縄訪問で、アメリカが望む普天間移設の早期実現に協力する方針を沖縄側に伝える。もちろん既定方針の名護市辺野古への移設である。

実現のためには辺野古での埋め立てが不可欠で、いずれ沖縄県知事の許可が必要になる。首相となった安倍は、沖縄訪問でその空気作りをと考えたのだ。仲井眞は特に注文はつけず、「よろしくお願いします」と応じた。

二月二十二日、安倍はワシントン入りした。オバマ大統領との首脳会談に臨む。会談後、日米共同声明が発表された。

「両首脳は、また、普天間飛行場の移設及び嘉手納以南の土地の返還計画を早期に進めていくことで一致した」

沖縄問題では、こんな文言が盛り込まれた。「普天間飛行場の移設」という表現だが、「名護市辺野古への移設」が暗黙の合意事項であるのは疑いなかった。ここから安倍政権は辺野古移設実現に突き進むことになる。

一ヵ月後の三月二十二日、防衛省の沖縄防衛局は辺野古移設のための公有水面埋め立て申請書を沖縄県に提出した。

七月二十一日、参院選が訪れる。第一次安倍内閣が在任一年の短命に終わったのは、◯

七年七月の参院選でつまずいたのが直接の原因で、安倍にとって、政権担当後の参院選は「未征服の関門」である。

〇七年の参院選で、安倍自民党は改選議席一二一のうち、三七議席しか取れず、衆参ねじれを招いた。二の舞いを演じれば、今度も短命政権に終わる。安倍は参院選まで、政権運営でも政策判断でも超安全運転に徹した。

参院選で、自民党の沖縄県連は普天間飛行場の「県外移設」を唱えたが、党本部は「辺野古移設推進」を公約にうたった。だが、沖縄県連を押さえ込むような手荒な党運営は差し控えた。

安倍の慎重作戦は奏功した。参院選では、自民党は改選議席一二一の半数超の六五を獲得する。公明党と合わせて与党の議席数が一三五となり、六年ぶりに全議席の過半数を上回った。その結果、与党は衆参で過半数を握る。「安倍一強」体制が生まれた。

安倍政権は強気に転じる。自民党本部は参院選まで党所属の沖縄関係の国会議員の「県外移設」の主張を放置していたが、「一強」を背景に「辺野古移設」で党論の統一を図る方針に転換した。

石破幹事長が中心となって沖縄関係議員、沖縄県連に「辺野古移設」への路線変更を求めた。沖縄の衆参議員は硬軟織り交ぜた党執行部の説得工作に従って、次々と転換した。

その中で、那覇市長の翁長とその支持者は説得に応じなかった。

一三年十一月二十五日、沖縄県選出の国会議員五人が党本部に呼ばれ、石破から「辺野古移設容認」について確認を求められた。選挙民の民意に背を向けると知りながら、党本部の方針にしぶしぶ従った。

一ヵ月後の十二月二十五日、足腰の痛みで東京都内の病院に入院中だった仲井眞は、退院して首相官邸で安倍と会談した。

「驚くべき立派な内容」

「有史以来の予算」

「いい正月になる」

会談後、車いすに座ったまま記者会見に応じ、笑顔で連発した。

前日の二十四日、一四年度予算案が閣議決定され、安倍政権はその中で沖縄振興予算として前年度比一五・三パーセント増の総額三四六〇億円を計上した。それだけでなく、安倍は二十五日の仲井眞との会談で、二一年度までの八年間にわたる沖縄振興予算の毎年三〇〇〇億円台確保や、那覇空港第二滑走路の完成などを約束する。仲井眞は小躍りしたい気分で「有史以来」と口にしたのだ。

那覇に戻った仲井眞は二日後の二十七日、政府が沖縄県に提出した辺野古の埋め立ての申請を承認したと表明した。鳩山内閣で防衛相を務めた旧民主党の北沢が後にその場面を回顧して一言、感想を漏らした。

「仲井眞さんは知事でいる間に必ず埋め立ての承認をすると読み切れていました」

第9章 安倍政権と翁長雄志の全面対決

——沖縄の民意は「安倍流ノー」

辺野古訴訟の和解案受け入れを表明し、沖縄県の翁長雄志知事（左）と会談する安倍晋三首相。右は菅義偉官房長官。2016年３月４日（共同）

翁長は「沖縄の保守」

二〇〇六（平成十八）年十一月から沖縄県知事の座にあった仲井眞は、一四年十一月十六日に三度目の知事選挙を迎えた。安倍政権は辺野古移設容認に転じた仲井眞の三選を強く後押しした。対抗馬として、「国外か県外へ移設」を訴える翁長が立候補した。

仲井眞知事時代、安倍政権は沖縄県との二人三脚で普天間移設問題の決着を目指した。辺野古沿岸部の海の埋め立てには、公有水面埋立法に基づく県知事の承認が必要だったが、仲井眞は一三年十二月、手続きに瑕疵《かし》はないと判断して承認した。

一四年の知事選の最大の争点はもちろん辺野古問題だった。仲井眞は「普天間飛行場の危険性の除去」を唱えた。対する翁長は「県民の八割超が反対の辺野古移設は不可能」と訴えた。投票の結果、翁長が約三六万票を獲得し、自民党が推薦する仲井眞に約一〇万票の大差をつけて当選した。

翁長は那覇市議、沖縄県議を経て二〇〇〇年に那覇市長となり、十四年在任して四期目の途中で知事選に出馬した。那覇市議時代から知事選まで一貫して自民党で、仲井眞の知事選も、その前任者の稲嶺元知事の知事選でも、選挙対策の責任者を務めてきた。

元知事の稲嶺が一四年の知事選を回顧した。

「事前の世論調査でも翁長さんの圧勝でした。仲井眞さんは選挙に出るべきでないと私は思いました。翁長さんは市長時代、人気があった。那覇市のゴミ処理問題を解決し、市役所改革を推し進めた。沖縄の歴史に残る最高の名市長でした。昔から保守の強力な闘士で、革新攻撃を徹底してやってきた人です。もともと仲井眞さんの選対本部長で、将来は後継者の予定だったのに、辺野古問題で対立した」

一九九八年の稲嶺擁立による保守県政の奪還、二〇〇六年の仲井眞へのバトンタッチで最大の牽引力となったのが、沖縄の自民党の実力者の翁長であった。仲井眞時代の末期に副知事を務めた高良が仲井眞と翁長の個性の違いを指摘した。

「前から翁長さんは、基地を押しつけられている構図をやめさせるには、沖縄県民が一つになり、一丸となって中央政府と対峙しなければ、という考え方を持っていたと思います。仲井眞さんとは違う軸で基地問題の解決を考えていました。『知事になれば、あらゆる権限を使って辺野古移設を阻止』と声高に言い始め、それで盛り上がった。仲井眞さんは上手に世論を形づくろうという気が全くない人でしたが、逆に翁長さんには世論を動かす力がありました」

ただし、仲井眞は知事退任後、後任の翁長の姿勢と手法について、厳しく批判した。

「彼はハーメルンの笛吹き男のようです。沖縄県民をいったいどこに連れて行こうとしているのか。前回の知事選挙の時から『あらゆる手段で辺野古移設を阻止する』と表明していましたが、実現の方法を示すこともなく、徒に本土と沖縄の分断を深めるばかりです」（仲井眞弘多「翁長知事はハーメルンの笛吹き男だ」『文藝春秋』二〇一八年四月号）

「ハーメルンの笛吹き男」はドイツのハーメルン市に十三世紀から伝わる説話で、町に繁殖していたねずみを退治した笛吹き男が、約束した報酬をもらえなかったため、笛を吹いて町の子供たち一三〇人を山中に連れ去ったと言い伝えられている。

現職の仲井眞を擁した二〇一四年十一月の知事選だけではなかった。一ヵ月後の十二月の衆議院総選挙でも、自民党候補は沖縄県の四つの小選挙区で全敗した。

「辺野古ノー」の県民の民意を背に、知事に就任した翁長は、移設ストップで一直線に突き進んだ。「あらゆる手法を駆使して阻止する」と繰り返し発言し、政府への対決姿勢を鮮明にした。

埋め立てを進める場合、漁業が行われている海域は、県の岩礁破砕許可が必要だった。翁長は仲井眞時代の埋め立て承認と岩礁破砕許可の取り消しの検討を始めた。

移設工事を進めたい安倍政権は、知事交代後も構わず海底ボーリング調査を続行した。沖縄県は一五年三月、国に対して辺野古移設作業の停止を指示する。安倍内閣は当時の林芳正農相（後に文科相）が作業停止の効力を一時的に止める執行停止を決定して対抗した。

翁長は一歩も引かない。一四年の知事選で選対本部長を務めた呉屋守将《ごやもりまさ》（沖縄企業の金秀グループ会長）は、一五年十月二十九日に地元紙の「沖縄タイムス」に「翁長知事を断固支持」という意見広告を出した。呉屋がインタビューで翁長の人物評を語った。

「腹が座っています。ぶれない。父親も政治家で、若いころから政治を目指してきました。保守・革新を言う前に、ベースとなる沖縄人の思いを持った『沖縄の保守』でした。だけど、言っていたのは辺野古反対だけ。基地全面返還なんて唱えていなかった。彼が知事だったのは沖縄を取り巻く環境でした。舞台が用意され、果たさなければならない沖縄県知事の役を演じていたのだと思います」

「一時休戦」も協議は決裂

知事交代後、首相官邸と翁長の直接対話は途絶えたままだった。約五ヵ月が過ぎて、打開の道を模索する政府側がやっと動いた。

一四年九月の内閣改造で沖縄基地負担軽減担当相を兼任した菅が、一五年四月五日に那覇に飛ぶ。初めて翁長との顔合わせが実現した。菅がインタビューで振り返った。

「ぎくしゃくしていた。政府も甘かったとか、いろいろ言われましたが、翁長知事も尻が重かったと思います。会いたいと言ってきたのが前々日だったり、国会の決算委員会のときとか。ま、パイプもなかったのでしょう」

二人は那覇市内のホテルで向かい合った。菅は従来どおり「辺野古移設が唯一の解決策」と主張した。翁長は「絶対にできない」と譲らない。「粛々と工事を」と告げた菅に対して、翁長が「上から目線」と強く批判する一幕もあった。

四月十七日、安倍と翁長の初会談も行われた。安倍は訪米して四月二十八日にオバマ大統領と首脳会談を行う予定だった。それに備えて、翁長の歩み寄りを期待した。

翁長との面会を受け入れ、首相官邸で顔を合わせた。だが、話し合いは平行線に終わる。両者の溝は埋まらなかった。

オバマと会った安倍は、辺野古移設を確認し合った。翁長は猛烈に反発した。地元の理解を得ずに辺野古移設を進めるのは不可能と主張し、日米首脳会談を激しく批判した。

翁長は五月二十七日から六月四日まで自ら訪米し、アメリカ政府の当局者と関係者に直接、「辺野古反対」を伝えた。だが、アメリカ政府は譲歩の姿勢を示さない。菅は四日の記者会見で、「知事もアメリカへ行って、辺野古移設が唯一の解決策と認識して帰ってきたのでは」と発言した。

安倍内閣は一四年七月一日、戦後初めて集団的自衛権に関する憲法解釈の変更を閣議決定した。実施のための安全保障関連法案を一五年の通常国会に提出した。

七月十六日に衆議院で可決にこぎ着ける。だが、安倍政権への逆風が強まり、内閣支持率が急落した。

安保国会に加え、八月中旬の戦後七十年の安倍談話問題、原子力発電所再稼動、自民党総裁改選などが重なった。同じ時期に、対立が続く辺野古問題で失点を重ねると、支持率がさらに下落して、政権の危機に直面すると見られた。

対応に苦慮する政府は、「一時休戦」を選択した。翁長登場から八ヵ月が過ぎた八月四日、菅が「一ヵ月、移設工事作業を中断し、沖縄県との集中協議を実施」と発表した。危機回避のために、首相官邸は一ヵ月の凍結期間を設定したといわれた。

日本維新の会の衆議院議員で沖縄県出身の下地幹郎（元防災・郵政担当相）は、この問題で首相官邸と翁長の双方に呼びかけ、五月下旬に外務省と防衛省の幹部も交えた会合をセットした。下地が舞台裏を明かした。

「翁長知事登場後、両者が尋常でない関係となっていましたので、私は交渉の時間を作るのがいいと思って双方に提案しました。会話が成り立っていなかったから、何とかしなければと思った。両方に話しかける機会があり、積み上げてきました。工事を一時中断して協議を、という提案は三月初めころからで、安保法案とは直接、関係はなかった」

政府と沖縄県は八月十日から九月七日まで計五回、集中協議を行った。だが、話し合いはまとまらず、協議は決裂に終わった。

一四年十二月の総選挙で沖縄四区から無所属で当選した仲里利信（一七年十月の総選挙で落選。元沖縄県議会議長）は、一三年十一月に辺野古移設容認に転換した自民党を見限って離党し、一四年十一月の知事選で翁長を応援した。仲里が集中協議を設定した政府のねらいを解説した。

「この一ヵ月は沖縄は台風シーズンで、もともと工事はできない時期です。支持率低下傾向を念頭において、沖縄県との協議実施をアピールするための安倍政権のパフォーマンスだったのでは」

迷走する「菅プラン」

菅は一五年九月七日、「沖縄県が実施中の潜水調査が終わり次第、辺野古移設作業を再開する」と翁長に通告した。翁長も「全力を挙げ、あらゆる手段で阻止」と宣言した。

「問題の原点が違っていた」と前置きして、菅が述懐した。

「翁長知事の原点は、普天間飛行場が危険だから移そうということではなかった。戦後、アメリカが沖縄を占領したことが原点で、話がそこに戻ってしまった。『それは違うのでは。スタートは危険な普天間の話でしょう』と私は言いました」

集中協議の開始を決めたとき、政府側は「合意」に持ち込む見通しを持っていたわけではなかったようだ。だが、菅は一言、「ただ集中協議を経て本音でしゃべれるようになりました」と言い添えた。

協議決裂後は、「全面対決」の再演となった。

翁長は仲井眞時代の埋め立て承認手続きに瑕疵があるとして、予告どおり十月十三日に取り消しに踏み切った。

政府側は防衛省沖縄防衛局が行政不服審査法に基づく不服審査と、取り消しの効力の一時停止を、同じ政府内の石井啓一国交相（元公明党政調会長）に申し立てるという戦法に出た。石井は二十七日、取り消しの効力停止を発表した。

併せて政府は、地方自治法に基づいて、国が知事に代わって取り消しを是正する代執行の手続きの着手を閣議で決める。その上で二十九日、約三ヵ月ぶりに辺野古での埋め立ての本体工事を再開した。翁長は「強権極まれり」と強く批判した。

その日の朝、菅は成田空港から米領グアムに飛び立った。官房長官が日本を留守にするのは極めて異例で、小泉内閣の福田長官の訪中以来、十二年ぶりであった。

菅のグアム訪問は、翁長との初顔合わせで沖縄に出向く直前の四月初めから検討が始まった。沖縄駐留のアメリカ海兵隊の移転先となるグアムの施設を視察して、沖縄の負担軽減に取り組んでいる姿勢を印象づけ、沖縄の県民感情も和らげるのがねらいと見られた。

翌十月三十日、アメリカの太平洋海兵隊司令官らに会い、沖縄の海兵隊のグアム移転計画について話し合った。菅が目的を明かした。

「アメリカの海兵隊は沖縄に一万九〇〇〇人いましたが、九〇〇〇人を国外に移すことを日米で合意しています。グアムには四〇〇〇人くらい行く。辺野古移設ができれば、普天間は閉鎖できます」

序章で述べたように、菅は空中給油機の運用機能の岩国飛行場への移転実施など、普天間の三つの機能について対策を進めていると説明した。だが、現実には「菅プラン」も高い壁に阻まれて迷走した。

オスプレイ運用機能の沖縄県外への訓練移転は、予定していた佐賀県に拒否された。肝心の海兵隊のグアム移転も、アメリカ議会での軍事予算縮減要求などで、計画実現のめどが立たなかった。

どこまで行っても平行線

安倍政権は一方で、移設予定地の名護市辺野古の住民対策に力を入れる計画を練った。

菅がグアムに向かう三日前の十月二十六日、辺野古沿岸部周辺の辺野古、豊原、久志の三地区（人口は合計で約二九〇〇人）の代表者を首相官邸に招き、懇談会を開いた。

翁長の沖縄県とともに、当時の稲嶺進市長（元名護市教育長）の名護市も、辺野古移設反対の方針だった。政府は沖縄県と名護市の頭越しに、三地区に対して「補助事業への協力」という形で、一五年度分で計三〇〇〇万円程度の振興費を支給するプランを提示した。

地元の理解を得るためという名目で、地方自治体の頭越しに、国が地域に直接、振興費を配分するやり方は、露骨な懐柔策と批判も強かった。だが、首相官邸は意に介さず、強引に推し進めた。

一六年を迎えた。安倍政権と翁長は再び歩み寄りの姿勢を示し始めた。三月四日、安倍と翁長が首相官邸で会談した。政府は一五年十一月に沖縄県知事を相手取って埋め立て取り消しの撤回の代執行訴訟を起こしたが、政府と沖縄県は福岡高裁那覇支部が示した和解案の受け入れを決め、すべての訴訟や審査請求を取り下げた。

政府は辺野古沖の埋め立て工事を中止し、円満解決に向けて協議する。協議が不調の場合も、訴訟は一つに絞り、判決確定後はその趣旨に沿って誠実に対応する。和解案はこんな内容だった。

とはいえ、双方の本音は正反対だった。和解案受け入れで、安倍は移設工事の促進をもくろみ、一本化する訴訟で勝って移設実現を、と計算した。翁長は工事中止を重視し、一本化する訴訟に勝って工事阻止という展開を思い描いた。

和解案の受け入れによる工事中断が続いていた一六年三月三十一日（現地時間）、ワシントンで日米首脳会談が行われた。オバマは普天間問題に触れた。「どのくらい遅れるのか」と尋ねる。安倍は「『急がば回れ』という考えで和解を決めた」と説明した。「急がば回れ」と強弁したが、今度も協議はまとまらなかった。もともと和解案受け入れは、七月十日の参院選向けのポーズだったようだ。

参院選が終わると、政府は七月二十二日に訴訟を起こした。一五年十月に沖縄県が行った埋め立て承認の取り消しについて、取り消しの撤回を求めた国交相の是正措置に従わないのは「違法な不作為」と主張し、再び法廷闘争に突入した。

一六年九月十六日、福岡高裁那覇支部は政府の主張を認め、取り消し撤回に従わないのは違法とする「国勝訴」の判決を言い渡した。翁長は記者会見で「新基地は絶対に造らせない。上告する」と宣言した。一方で、判決が確定すれば従う、と翁長は説明したが、安倍政権と翁長の闘いは最高裁の判断が下るまで続くと見られた。両者はどこまで行っても平行線であった。

政府と沖縄県は訴訟合戦を繰り返してきたが、下地はこんな点を強調した。

「裁判で国が勝っても、国は政治的に勝てるのかというと、そうはいきません。政府は反対派を排除するために機動隊を入れ、押し切ってやれるかどうか。それはできないと思います」

最高裁は一六年十二月二十日、国勝訴の判決を下した。仲井眞が行った埋め立ての承認は適正で、それを違法として取り消したのは違法と判示し、沖縄県側の上告を棄却する。沖縄県の敗訴が確定した。それを見届けて、沖縄防衛局は二十七日、工事を再開した。

差し止め訴訟で県の訴えを却下

一六年十一月八日、アメリカでオバマの後任を選ぶ大統領選挙が行われた。後継者を目指す同じ民主党のヒラリー・クリントン（前国務長官）が本命と見られたが、型破りの共和党候補のドナルド・トランプが接戦でヒラリーを破り、次期大統領に決まった。トランプはアメリカ経済の再生と雇用拡大を望む「低所得の白人層」を中心とした不満票の獲得をねらって「保護貿易」を公約に掲げ、勝利を手にした。

一七年一月二十日（現地時間）に新大統領に就任したトランプは、「アメリカ・ファースト」の持論に沿って、就任後、矢継ぎ早に新方針を打ち出した。対外政策では、環太平洋経済連携協定（TPP）からの永久離脱、北米自由貿易協定（NAFTA）再交渉、メキシコとの国境への壁建設、イスラム圏七ヵ国からの入国禁止、中国や日本の「為替誘導」批判、自動車貿易での対日攻撃などを繰り出した。

トランプは選挙戦で、安保条約に支えられた日米同盟に関して、「日本の応分の負担」を主張した。トランプ政権のアメリカは在日米軍の駐留経費の全額日本負担や日本の自主防衛力強化などを要求するのではという観測も飛び交った。一方で、沖縄の米軍基地についても、もしかすると「変化」が生じる可能性があった。

安倍内閣は「日米合意」に基づいて普天間の辺野古移設を推進してきたが、「応分の負担」を求めるトランプ新政権が在日米軍の見直しに踏み出せば、沖縄の基地のあり方にも大きな影響を与える。辺野古移設阻止を主張する翁長は、独自の判断で大統領選勝利のトランプに祝電を打ったが、「辺野古阻止の援軍に」という期待があったはずだ。

トランプ登場の一年後の一八年二月四日、辺野古を抱える沖縄の名護市で市長選挙が行われた。

翁長の一期目の任期満了を十ヵ月後に控え、名護市長選は十一月予定の知事選の前哨戦といわれた。辺野古での建設工事推進の方針の安倍内閣は、市長選勝利を弾みに、知事選での移設容認派擁立による県政奪還をもくろんだ。

市長選は、民進党、共産党、自由党、社民党推薦、立憲民主党が支持する現職の稲嶺市長と、自民党、公明党、維新が推薦した新人の渡具知《とぐち》武豊《たけとよ》（元名護市議）の対決となったが、辺野古移設を容認する渡具知が、一〇年から二期在任した稲嶺を約二万票対約一万七〇〇〇票で破った。安倍は翌五日、「本当に勝ってよかった。名護市民の理解を得ながら、最高裁の判決に従って進めていきたい」と報道陣に語った。

本土復帰前から沖縄の政治に深くかかわり、返還後の歴代の沖縄県政の実態に精通する沖縄県中頭郡読谷村在住の政治アナリストの比嘉良彦が翁長逝去の二ヵ月前、こんな分析を披露した。

「一八年二月の名護市長選で稲嶺市長が辺野古移設容認派に負けた。これが大きかった。一七年までは翁長さんには力があり、期待もありました。だけど、名護市長選の後は防衛ですよ」

県庁という行政組織に乗る翁長の問題点も見逃せないと説いた。

「周りにいる人たちは法律と行政の専門家で、法律的、行政的な手法で対策を練ろうとする。翁長さんは『あらゆる手段を駆使して』と言って、取り消しとか撤回など、法的な措置や行政の手続きで勝とうとしたり、乗り切りを図りました。このやり方は最初はいいんですよ。だが、効力がなくなってきたり、実態が進んだり、選挙で負けると、行き詰まります。本人は分かっていると思いますよ」

名護市長選勝利を見届け、安倍政権は一七年四月二十五日、ついに沿岸部での埋め立て工事に着手する。沖縄防衛局は埋め立ての第一段階となる護岸工事を開始した。

沖縄県側は再び法廷闘争突入を選択する。翁長は七月二十四日、国を相手取って、辺野古での岩礁破砕の差し止めを求める訴訟を那覇地方裁判所に起こした。那覇地裁は一八年三月十三日、差し止め訴訟で沖縄県の訴えを却下する。翁長はその後、福岡高裁那覇支部に控訴した。

突然の翁長退場

首相官邸と翁長の綱引きは一四年十一月以来、どちらが音を上げるかという根比べのつば競り合いが続いた。決着がつかないまま、一八年十一月の翁長の一期目の知事任期満了が間近に迫ってきた。

ところが、翁長に異変が生じた。那覇市長時代の〇四年に一度、胃がんを患い、胃の全摘手術を受けたことがあったが、今度は膵臓の腫瘍が見つかった。一八年四月二十一日に浦添市の病院で切除手術を受けた。五月十五日に退院し、県庁で記者会見して「進行の度合いがステージ2の膵がん」と公表した。

抗がん剤治療を受けながら公務に復帰し、県政を担い続けた。だが、十一月十八日投開票の予定だった知事選への出馬については、最後まで態度を明らかにしなかった。

一方、自民党沖縄県連は七月五日、那覇市内での候補者選考委員会で、佐喜真宜野湾市長の知事選擁立を全会一致で決めた。出馬に意欲的な佐喜真は受諾の方向と見られた。

翁長は膵がん公表から三ヵ月後の八月八日、六十七歳で死去した。

「私は子どものころから、ずっと死というものを意識して生きてきました」

「いずれ終わりが来る生に対して、自分はどのように対処していくか。生きている間に何をするか。もし自分なりに考えを極めて自分がこれだと思ったものがあるのならば、それが本当に正しいかどうかは保証がなくとも、真心を込めてそれに人生を賭けていくこと。これは小さなころから死を意識していた私なりの人生観です」

「五四歳のときに健康診断で胃がんが見つかり、胃の全摘手術を受けました。夜遅くまでの会合、度重なるストレス、暴飲暴食の連続がたたったのだと思います。死を前にして苦しむかなと思っていたら、まったく平気でした。子どものころからずっと意識していたからでしょう。手術は成功して、あと二、三年は普通に生きられるということをむしろ明るい気持ちで受け止めました」

一五年刊の『戦う民意』の「おわりに」に書きつづっている。

ずっと死を意識し続けてきたという翁長は、どこかで「がん再発も」と思いながらも、「生きている間に何をするか」を最優先に考えて、知事の座に挑み、「辺野古移設阻止」に人生の最後を懸けた。

政府は辺野古問題で、一六年十二月の最高裁の判断を手に、移設工事の促進を企図した。一八年六月に「八月十七日から辺野古海域への土砂投入」と発表した。土砂投入が始まれば、原状回復は困難になり、埋め立て工事が既成事実化する。それがねらいだった。

対する翁長が移設阻止の「最後の手段」と考えたのが、仲井眞による埋め立て承認の撤回という戦法であった。翁長が撤回に踏み切っても、国側には訴訟に持ち込んで勝利する道がある。それも承知で「最後の手段」に訴えるかどうか、検討中に、翁長は絶命したのである。

訃報に接した安倍は八月九日、原爆犠牲者慰霊式典で訪れた長崎市で記者会見し、「文字どおり命懸けで沖縄の発展に取り組んでこられた。敬意を表します」と追悼の言葉を述べた。政府側で交渉の相手方を務めてきた菅は言葉少なに「信念の人だった」と評した。

突然の翁長退場という展開になったが、辺野古をめぐる攻防は終幕となるわけではない。翁長の後任を選出する知事選は九月三十日投開票と決まった。

翁長存命中の七月初めに自民党沖縄県連が対抗馬として次期知事選への擁立を決めていた佐喜真が、翁長の葬儀の翌日の八月十四日、正式に出馬を表明した。政府は選挙への影響を考慮し、十五日、辺野古海域への土砂投入の見送りを決めた。

「沖縄の民意を尊重せずして日本の自立はない」

翁長支持勢力の知事候補選びは当初、手間取りそうな空気だったが、序章で触れたように、翁長自身が逝去の数日前に録音したという後継指名の音声が十八日に発見された。翁長は衆議院議員の玉城と金秀グループ会長の呉屋の二人を挙げた。呉屋は固辞したが、玉城は十九日、「前向きに検討」という意向を示した。

翁長支持派は、保革の枠を超えて「辺野古移設阻止」の一点で結集し、「オール沖縄」を打ち出してきた。翁長はその支柱だったが、「オール沖縄」の内実は、翁長支持の保守政治家や保守系の地元経済人、革新勢力の社民党や共産党などの寄り合い所帯である。辺野古問題以外では同床異夢の色合いが濃かった。

だが、知事選では「翁長の遺志の継承」と「沖縄の心」を前面に押し出す選挙戦を目指すと見られた。「弔い合戦」の形に持ち込めば、県民は翁長路線死守の訴えに共感すると踏んだ。

他方、佐喜真を担ぐ自民党は、公明党と日本維新の会の支援を取りつけ、「保革対決の知事選」の図式に持ち込む戦略と映った。

自民党は翁長知事誕生となった一四年十一月の知事選の後、十二月の総選挙では県内一

～四区の四つの小選挙区で全敗し、一六年の参院選でも沖縄選挙区で大敗した。だが、一七年十月の総選挙では沖縄四区で議席を奪還する。以後も一八年二月の名護市長選、三月の石垣市長選、四月の沖縄市長選で連勝した。

九月の知事選では、普天間などの基地の危険性除去、沖縄の負担軽減とともに、沖縄経済の振興や県政の安定を打ち出して支持拡大を図ると見られた。翁長は強敵だったが、弔い合戦となっても、翁長以外の候補が相手なら勝機ありと判断し、市長選連勝の勢いに乗って県政奪還をねらう作戦であった。

弔い合戦ではあっても、選挙では、そこまでの「翁長政治」を守るべきか、それとも「非翁長政治」に転換を図るのかが、最大の争点となる。

翁長政治とは何だったのか。基本姿勢について、翁長は『戦う民意』に記している。

「国土のわずか〇・六％の面積しかない沖縄県には米軍専用施設総面積の七三・八％が集中しています。一県に集中した基地負担、世界一危険な基地の存在、民意を無視した基地建設の強行、世界的に貴重な自然環境の破壊——。日米安保体制の名のもとに、自由、人権、平等という価値を守る民主主義国家にあるまじき現実が沖縄で繰り広げられていま す」

「安倍政権による『多数決という独裁主義』が横行すれば、一地方の民意はないがしろにされます。それは今後、各地でたとえば核のごみ処理問題といったかたちで表面化するでしょう。いま、日本の民主主義、地方自治は危機に陥っています」

同時にこう明言する。

「自由民主党出身の私は日米安保体制の重要性を十二分に理解しています」

その上で、「『辺野古新基地が唯一の解決策』という考え方に日米両政府が固執をすると、今後の日米安保体制に大きな禍根を残すのではないかと私は心配しています」と警告を発し、「沖縄における基地問題の解決は、日本を真の民主主義国家に変えるきっかけになるはずです」「基地問題を解決しなければ、日本が世界に飛躍できない。沖縄の民意を尊重せずして日本の自立はない」と断じた（以上、「はじめに」より）。

日本全体で取り組む課題

翁長は「オール沖縄」の支持を受け、「辺野古移設阻止」を貫いたが、その一点を除けば、沖縄政界で保守一筋の人生を生きた政治家らしく、知事就任後も革新勢力とは明確に一線を画する県政を堅持した。知事が決定権を持つ人事や人材起用を見れば明白だ。

「オール沖縄」陣営には「日米安保体制打倒、基地全面撤去」を唱える勢力も参加していたが、翁長自身は日米同盟の重要性を認識していただけでなく、米軍の駐留廃止を志向する「駐留なき安保」論にもくみしたわけでもなかった。

日米同盟を容認する一方、沖縄の過重な負担の解消を説いた翁長は内心、他の都道府県に対して平等・公平な基地負担を求めたい気持ちが強かったのではないかと思われる。その方向を模索せず、対米追従を続ける安倍政権の姿勢を厳しく追及したのだろう。

同時に、地方や地域の民意よりも国益と国政を優先させ、数の力で押し切る安倍流政治を「多数決という独裁主義」と弾劾した。安倍は自著『新しい国へ 美しい国へ 完全版』で「自立する国家」を標榜しているが、翁長は全く別の意味で「日本の自立」という言葉をキーワードとして持ち出して、それには民主主義と地方自治の危機の克服が不可欠と強調した。

この翁長政治を是とするか、新たに非翁長政治を選択するのか。翁長が「対極」と位置づけた安倍流政治への評価と対応も含め、沖縄県民はポスト翁長を選ぶ知事選で意思の表明を迫られたのだ。それだけでなく、沖縄の問題提起で問いかけを受ける格好となった沖縄県民以外の国民も、遠い地での「よそごと」ではなく、日本全体で取り組むべき課題と受け止める必要があった。

一方、翁長政治と対決を演じてきた安倍流政治の本質は、一言で言えば結果重視主義である。もともと安倍は「政治に努力賞はない。結果がすべて。結果が出なければ、途中の努力は何の意味もない」という考え方の政治家で、普天間移設問題でも、「理屈ではない。目に見える形でなければ」とたびたび口にしてきた。

「戦う民意」の翁長に対して、安倍は「闘う政治家」を目指す。前掲『新しい国へ』の「はじめに――『闘う政治家』『闘わない政治家』」に、「『闘う政治家』とは、ここ一番、国家のため、国民のためとあれば、批判を恐れず行動する政治家のことである。『闘わない政治家』とは、『あなたの言うことは正しい』と同調するものの、けっして批判の矢面に立とうとしない政治家だ」と書いている。

「闘う政治家」を自任し、「目に見える形」の結果の実現を、と考える安倍は、脇目も振らずに辺野古移設に邁進してきたが、路線の正当性について、「普天間の危険性除去」と併せて、東アジアの安全保障環境の変化による「抑止力の維持・強化」を唱える。

尖閣諸島をめぐる中国の脅威や、緊迫する朝鮮半島情勢という現実を見ると、首肯できる部分も少なくない。だが、ほかの選択肢の綿密な検討や、多角的な対米交渉といったプロセスにはエネルギーを割こうとせず、「辺野古移設以外に選択肢はない」と言い切って、「唯一の解決策」の一点張りである。

現職のまま死去した翁長の後任を選ぶ沖縄県知事選は一八年九月三十日に実施され、序章で触れたとおり、翁長の後継者の玉城が、安倍政権の後押しを受けた佐喜真を大差で破り、新知事となった。知事選で、沖縄の民意は「安倍流政治ノー」「翁長政治継続」を表明したのである。

終章　玉城デニーと首相官邸の綱引き
——求められる総力結集態勢

初めての会談の前に握手する安倍晋三首相と玉城デニー沖縄県知事。2018年10月12日（共同）

避けられない泥沼の攻防戦

二〇一八（平成三十）年九月三十日、「翁長政治継承」を唱える玉城が新しい沖縄県知事として登場した。

その四年前の一四年十二月、知事選で現職の仲井眞が翁長に敗れ、知事交代となった。辺野古移設容認だった仲井眞の知事時代、安倍政権と沖縄県政の関係は蜜月だったが、翁長登場で、情勢は一変した。

安倍や菅と新任の翁長との顔合わせが実現するまで、約四ヵ月を要した。双方に言い分はあったが、会見拒否という首相官邸側の意向が影響したのは間違いなかった。

政権側は一八年の知事選で一四年に続いて連敗した。だが、今度は態度を変えた。玉城は一八年十月四日に知事に就任したが、八日後の十二日に首相官邸で安倍との面会が実現した。菅も同席した。

顔合わせは早期に実現したものの、話の中身は平行線のままであった。安倍は「政府の立場は変わらない」と告げる。玉城も「辺野古の新基地建設ノーが選挙で示された民意」と述べた。顔つなぎだけで、協議にはならなかった。

政府は一度、一四年二月に普天間飛行場の五年以内の運用停止を約束した。玉城は期限切れとなる一九年二月までの運用停止や、日米地位協定に関する政府、米軍、沖縄県の三者協議の設置などを要請した。安倍や菅はこの点でも回答を示さなかったという。

翁長時代、辺野古移設をめぐる政府と沖縄県の攻防は法廷闘争まで突き進んだ。政治の場での協議や折衝は完全に行き詰まり、司法頼みという深刻な状況だった。

第9章で詳述したとおり、翁長は前任の仲井眞が一三年十二月に行った辺野古の埋め立て承認について、一五年十月に承認を取り消したが、最高裁は一六年十二月、政府が起こした沖縄県の承認取り消しに対する違法確認の訴訟について、取り消しは違法と判示して沖縄県側の上告を退けた。

翁長は移設阻止の「最後の手段」として、仲井眞による埋め立て承認の撤回を考えた。それを敢行するかどうか、検討中に死去した。沖縄県は翁長没後の一八年八月三十一日、遺志に沿って埋め立て承認を撤回した。

政府は九月三十日の知事選まで動かなかった。六月に一度、「八月から辺野古海域への土砂投入」と発表したが、沖縄県による埋め立て承認の撤回の後、防衛省の沖縄防衛局は九月上旬、建設現場から資材と機材を撤去した。工事はその後、ストップした。

知事選では、翁長路線を受け継いで「辺野古移設阻止」を掲げる玉城が、安倍政権の後押しで出馬した佐喜真に大勝し、沖縄県民の民意は「辺野古ノー」を表明した形となったが、安倍政権は知事選で民意が明らかになった後も、姿勢を変えない。対応策の再検討や、沖縄県側との対話などの選択肢を考慮する気配は見せず、司法による決着を対策の軸とする方針を堅持した。

工事再開には、二つの手段があった。沖縄県が行った埋め立て承認の撤回の効力を一時的に失効させる「撤回の執行停止」を裁判所に申し立てる方法と、防衛省が行政不服審査法に基づいて国土交通大臣に撤回の効力停止を申し立てるという方法である。

前者は、申し立てから数週間ないし数ヵ月が必要だが、申し立てが認められた場合は工事を再開できる。認められなかったときは、工事は止まったままとなるが、埋め立て承認の撤回の効力を争うことになり、法廷闘争が続く。後者は、同じ政府内の国交相への申し立てで、撤回の効力停止を認める判断も二週間程度と見られた。

安倍政権は早期の工事再開を企図した。安倍・玉城会談のわずか五日後の十月十七日、防衛省が石井国交相に撤回の効力停止を申し立てた。それを聞いて、玉城は沖縄県庁前での街頭演説で、「いつもにこにこ顔だが、今日は違う」と険しい表情で語った。

沖縄県側には、国交相が撤回の効力停止を決めた場合の対抗措置として、総務省の第三者機関である国地方係争処理委員会に審査を請求するか、国交相の決定の取り消しを求める訴訟を裁判所に提起する道がある。いずれにしても、安倍政権と沖縄県が長期にわたって法廷闘争を演じる展開が予想される。泥沼の攻防戦は避けられそうにない。

安倍政権は早速、攻勢に転じたが、玉城も、話し合いを求める一方で、知事就任の十月四日に「県の主張が認められるように全力を尽くしたい」と述べ、知事権限を駆使して建設阻止を図る考えを示した。使用可能な知事権限は多くはないが、ゼロではない。工事を進めると、建設予定海域内の軟弱地盤に対応するために設計の変更が必要となるが、知事が有する設計変更承認の権限も対抗手段の一つになりうる。

工事再開を急ぐ安倍政権は、十月三十日、防衛省から埋め立て承認撤回の効力停止の申し立てを受けた石井国交相が、効力停止を認めたと発表した。防衛省は翌十一月一日、早速、二ヵ月ぶりに工事を再開する。辺野古への本格的な土砂投入は二～三ヵ月先になりそうな情勢だったが、まず立ち入り禁止海域を示す海上の浮き具の再設置に着手した。

水面下の対話と協議はまたも不調

安倍政権は「普天間の危険性除去」を強く訴え、「辺野古移設が唯一の選択肢」と結論づけているが、「普天間の危険性除去」については、沖縄県側も異論はない。とはいえ、玉城は「辺野古の基地建設阻止」「工事中止」を主張するものの、普天間移設という出発点については、有効な解決策は持ち合わせていないようだ。

「普天間の訓練を海外の基地にローテーション展開すれば、普天間（飛行場）も、辺野古移設も必要なくなる」「例えば、米グアムや（米自治領）テニアン島の米軍基地を運用し、沖縄県内で訓練をしない状況を作れば、辺野古に基地を造る必要がない」（「読売新聞」二〇一八年十月二日付朝刊参照）

知事当選の翌日の十月一日、報道各社のインタビューに対してこう語り、日米両政府に再協議の開始を求めた。

玉城は一九五九年十月に現在の沖縄県うるま市で生まれた。父はアメリカ海兵隊員、母は沖縄在住の日本人である。知事就任時、「父の国は民主主義の母国・アメリカ」という点が今後の日米関係に微妙に影響し、辺野古を含め、沖縄の基地問題解決の新しい糸口になるのでは、と予測する向きもあった。

だが、アメリカ政府は玉城知事登場について、目立った動きは何も示さない。玉城は就任から一ヵ月余りが過ぎた二〇一八年十一月十一日、知事として初めて訪米した。ニューヨーク大学での講演などで基地負担軽減や辺野古移設反対を訴えたが、もちろんアメリカ政府の方針に影響を与えるような具体的な成果はなかった。

アメリカ政府は、新知事登場を歓迎し、日米同盟への沖縄の貢献を評価する一方、「普天間移設実現の決意に変わりはなく、辺野古への移設は日米両政府の協議事項で、日本側から新たな要請がなければ計画は不変」というのが基本路線である。「辺野古移設は日本の国内問題で、干渉せず」がアメリカの一貫した方針であった。

一八年九月の沖縄県知事選で、三年九ヵ月ぶりに全県の民意が示されたが、投票結果にかかわらず、「辺野古移設が唯一の選択肢」の安倍政権と、翁長時代以来の「辺野古阻止」の沖縄県という対立の構図が今後も続くことが確実となった。在任期間は安倍の自民党総裁としての任期は二一年九月まで、玉城は二二年九月までである。

玉城は辺野古移設の是非を直接、県民に問うために、県民投票を実施する計画を立て、準備を開始した。県民投票は一九年二月十四日に告示され、二十四日に投開票を行うことが決まった。

玉城は日本経済新聞のインタビューに答えて、ねらいを述べている。

「賛否いずれかの投票数が投票資格者の4分の1に達した場合、知事はその結果を首相と米大統領に通知する。日米2人のトップに民意を明確に伝えられる」

沖縄の基地問題に対する基本姿勢について、こう語った。

「日米安全保障体制も私たちは認めている。ただその体制は日本国民全体で考えるべきだ。沖縄の負担が軽減されるならば、県民も納得できる」

玉城は「辺野古移設阻止」を唱えているが、辺野古に替わる代替案の見通しはどうか。

「いま杉田和博官房副長官と謝花喜一郎副知事が1カ月間、協議している。話し合いがどうなるか全く予想がつかないが、対話の中から辺野古問題も良い形で解決していくのではないか」(以上、「日本経済新聞」一八年十一月十四日付朝刊)

安倍政権の内閣官房副長官と沖縄県の副知事との水面下の対話と協議が、一九九六年二月の橋本・クリントン会談以来、二十三年間も暗礁に乗り上げたままになっている普天間移設問題の解決の糸口になれば、「最終章の三期目を迎えた安倍政権と新登場の玉城県政という新しい局面による画期的な展開」と高い評価を得る可能性もあった。

だが、杉田と謝花は二〇一八年十一月に四回の協議を行ったものの、不調に終わった。辺野古移設問題での溝は大きく、一致には至らなかった。過去の失敗例と同様に、今度もまた同床異夢による「見せ掛けの対話路線」という印象を与えただけで、暗礁状態はいつまでも終わらない。

任期満了まで、安倍は残り二年九ヵ月、玉城は三年九ヵ月だが、向こう二年半余りで、両者はどうやって暗礁状態を打破する考えなのか。

懸念される本土への悪感情の高まり

安倍は一二年十二月の総選挙で民主党を打倒して政権の座に返り咲いた。第9章で「安倍流政治の本質は結果重視主義」と解説したが、結果重視は、安倍が「迷走の民主党政権」との差別化を強く意識し、「実績の自民党政権」を印象づけようとしたという事情もあった。それだけでなく、辺野古移設問題では、歴代政権の持ち越しの懸案を自ら解決して結果を出したいという野心も働いたに違いない。

二度目の首相となって三年が過ぎた一五年十一月十一日、国会閉会中審査の参議院予算委員会での答弁で述べた。

「延ばせば延ばすほど完成は遅れる。そう言って、十九年がたった。放っておいたのは政治の責任」

それに対して、当時、翁長は「あらゆる手法を駆使して阻止」と叫び続けた。

普天間返還の日米合意の成立以来、安倍再登場まで、首相は一回目の安倍も含めて計一〇人だが、沖縄県知事は翁長で四人目であった。当面の権力闘争や国際情勢に左右される歴代政権と比べて、「時間軸が長く、長期的に展望する沖縄」という姿も見え隠れした。

安倍は長年の移設問題の放置を「看過できない事態」と位置づけて、「法治国家」「政治の責務」という論法で移設実現に突き進んだ。一方の翁長の武器は「民主主義」と「県民の民意」であった。

安倍政権は法廷闘争も含め、権力を背景に何度も正面突破作戦で押し切ろうとしたが、

「民主主義」と「民意」を敵に回す手法では、どこまで押しても押し切れずに終わる危険性が消えない。二度目の安倍政権は六年を超える長期政権となったが、翁長知事時代、結局、膠着状態を打破できなかった。最終的には政治的敗北も、というリスクと今も背中合わせである。

沖縄の歴史と文化に詳しい琉球大学の高良名誉教授が、安倍政権の沖縄問題への取り組みについて語った。

「橋本元首相や小渕元首相の時代までは、ハートフルなものを秘めながら沖縄問題に向き合っていましたが、世代交代が進み、それを持っていません。日本という国のあり方、国際関係の中での日本という新たなコンセプト、問題意識で取り組んでいますが、しわ寄せを受け続けている沖縄をどうするのか。試されているのは国の形だと思いますね」

翁長とも長い交流を続けた稲嶺元知事が自身の県政担当の経験も踏まえて言う。

「難しいのは理性と感情の二面の問題があることです。政府は今、法律を使って着々と進めていますが、法律は理性そのもので、どちらかというと国家の立場です。感情の問題への配慮が非常に少ないのが安倍政権の特徴ですね」

稲嶺は沖縄県民の本土への悪感情の高まりを懸念する。

「悪感情の比率は復帰後、ずっと高かったけど、その後、低くなりました。それが今、微妙に上がりつつある。そこが心配です。本土の人たちは沖縄を理解していないという不信感です。目に見える形ではない。何もないときは何でもないけど、火山の噴火と一緒で、穴が開いたら大問題となりますよ」

国家の論理を盾に、政府側が移設工事を強行すれば、沖縄の一部に根強く残る伝統的な「沖縄独立論」に火がつくかもしれないと見る人もいる。

思い起こすべきは沖縄返還の軌跡

二十三年越しの懸案を解決に導く着地点はどこにあるのか。

前述のとおり、安倍はアメリカ側の意向を酌んで、「辺野古移設が唯一の解決策」という回答に固執してきたが、「唯一と断定するのは政治的選択でも政策判断でもなく、政治の思考停止」と結果重視主義の安倍流を批判する声も強い。法廷闘争や権力による強攻策は、底の深い沖縄問題の解決にとって、最終的には、近道でもなく、有効でもない、と安倍政権も沖縄県側も認識すべきである。

かたくなな「唯一論」から脱して、幅広く解決策を検討する方向も視野に入れるのは、政治の責務だろう。その意味で、玉城が日米両政府に協議を促すのは正攻法の道だ。ただ現状では「日本側の出方待ち」に終始するアメリカ政府と、日本からの再協議申し入れに消極的な日本政府の両方の壁が厚く、視界はゼロといっていい。

是非や成否はひとまずわきに置いて、考えられる選択肢は、辺野古移設の達成、反対に移設の断念、普天間基地存続の容認、普天間基地の緊急用飛行場への転用と危険性の除去、抑止力の確保と段階的な普天間返還、米海兵隊の「県外または国外」への移転推進などだが、「唯一の解決策」という思考から脱して幅広く解決策を再検討するなら、何よりも政権を担う安倍自身が沖縄問題への取り組みにもっと真剣になる必要がある。

二度目の安倍政権はここまで、アベノミクスによる経済再生、「地球儀を俯瞰する安倍外交」、集団的自衛権行使をめぐる憲法解釈の変更と平和安全法制などに注力してきた。だが、政権の挑戦目標の中で、沖縄問題と普天間移設は決して高順位の優先課題ではなかった。

結果重視の安倍が本気で「政治の責務」を意識するなら、「沖縄問題は内閣の最重要課題」と公言した橋本を手本に、沖縄問題の政策的優先順位を格上げして、沖縄とのハートフルなネットワーク作りも含め、総力結集態勢を構築しなければならない。

その視点に立って、今、思い起こすべきは、戦後、二十七年の年月をかけて本土復帰を果たした沖縄返還の軌跡である。本土復帰に導いた当時の佐藤内閣と、復帰を願って返還実現に邁進してきた沖縄の人々が、心を一つにしてアメリカと向き合い、「一丸となった日本のパワーを無視すれば日米関係が最悪の状態に陥る」とアメリカに気づかせた。その結束力が、厚かったアメリカの壁を突き崩す原動力となった。

二十三年に及ぶ普天間・辺野古問題の解決のかぎは、第一に「日米同盟の真実」と「沖縄の心」に関して、政府と沖縄が正確な情報を掌握し、共有することだろう。その上で、両者が同じ土俵に上り、粘り強い協議と折衝で最終の解決策を探り当てるという姿勢が不可欠である。

同じ土俵の上で、日本の安全保障と米軍基地の抑止力、日米関係、沖縄経済と県民生活などについて、聖域や既得権益にまで踏み込んで総点検を行う。必要なら対米再交渉にも乗り出す。その先に初めて現実的な着地点が浮かび上がってくると思われる。

そこで得られた結論を、政権と沖縄だけでなく、国民の多数が「唯一の選択肢」と認め合い、必要なら「日本側からの新たな要請」としてアメリカと向き合う。その姿勢と発想を容認する懐の深さを政権が持ち合わせているかどうか。

何よりも民主主義に対する深い理解と「沖縄の民意との結託」という道を選択する柔軟さが安倍政権に求められる。問われているのは、内閣総理大臣の沖縄問題に取り組む識見と力量である。

あとがき

沖縄を初めて訪れたのは、本土復帰から九年が過ぎた一九八一（昭和五十六）年六月二十一日の午後であった。ノンフィクションの書き手として独立する二年前で、月刊『文藝春秋』の記者時代である。

アメリカ統治下の琉球政府の最後の行政主席として返還実現に邁進し、復帰後、戦後初の沖縄県知事となった屋良朝苗さんにインタビューを申し込み、応諾を得て、那覇市内のご自宅にお訪ねした。知事退任の五年後で、七十九歳だった。

約一時間半のインタビューで、返還決定の前後から本土復帰を経て県政を担った時代まで、七〇年代前半の「激動の沖縄」についてお聞きした。屋良さんは昨日の出来事のように鮮明に記憶をよみがえらせ、詳細に語った。

インタビューの中で、本書の第2章に詳述した「円・ドル問題をめぐるニクソンショックと返還に伴う通貨交換」の内実についても、ご自身の体験を率直かつ克明に話してくださった。

私は一年半後の八三年一月、デビュー作『霞が関が震えた日』（サイマル出版会刊。後に講談社文庫）を刊行した。ニクソンショックに見舞われた日本の首相官邸、当時の大蔵省、日本銀行などの対応策と通貨政策のかじ取りを追跡・検証したノンフィクションである。この本でも、屋良さんの証言などを参考に、「ニクソンショックと沖縄返還」の舞台裏を描いた。

その後、那覇市内での講演、家族との沖縄観光などで何回か沖縄本島や石垣島に出かける機会があったが、取材では、次に二〇〇四（平成十六）年八月二十五日、名護市長だった岸本建男さんをインタビューした。六十三歳で他界される一年半前である。

那覇から高速バスに揺られ、シーサー五十六体が鎮座する特異な庁舎の名護市役所に出向いた。本書の第6章で紹介したが、名護市が実現に意欲を燃やした「金融特区」に関心を持ったからだ。市長室でお会いし、二時間近くお話をうかがった。

お聞きした体験談を基に、月刊『ニューリーダー』で連載中だった拙稿「地方のリーダーが日本を変える」（二〇〇二年十二月号〜〇四年十二月号。計二十一回）のシリーズで、『小さな世界都市』掲げ、霞が関を押し切る〝特区創設のパイオニア〟第二ラウンドへ」と題する記事にまとめた（同誌〇四年十一月号・第二十回）。

インタビューで、金融特区構想への熱い思いを詳しくお聞きした。それだけでなく、取材では、名護市の助役時代、辺野古問題で辞任を決意した比嘉鉄也市長から突然、「後継に」と言われ、市長選出馬を決断する場面を振り返った回顧談が強く記憶に残った。

本書の刊行は、元をたどると、三年前の一五年十月、『サンデー毎日』の編集長だった城倉由光さん（現毎日新聞出版雑誌本部次長）と行った打ち合わせが出発点であった。

「普天間移設問題は、返還の日米合意から約二十年が過ぎても迷走中で、見通しも立たない状態が続いている。何が原因か、調べてレポートを」

こんな話になり、記事執筆の企画が浮上した。

十月下旬に那覇で取材を始め、稲嶺恵一元沖縄県知事を始め、関係者の方々にお会いして話を聞いた。別の企画で菅義偉官房長官をインタビューする機会があり（WEBサイト「プレジデントオンライン」の「塩田潮のキーマンに聞く」二〇一五年十一月九日公開）、そこでも安倍晋三内閣の普天間問題への対応についてお尋ねして証言を得た。

記事は「サンデー毎日」二〇一五年十一月二十二日号と二十九日号に上下二回で掲載された（表題は「沖縄・普天間基地『辺野古移設』首相官邸　失敗の研究」）。

長期にわたる連続調査ではなく、断面をのぞくだけの部分的な観察にすぎなかったが、以上のような取材経験から、戦後政治と沖縄の関係について興味を覚えた。

アメリカ統治時代と本土復帰後を通して、歴代政権は沖縄とどう向き合い、沖縄問題にどう取り組んできたのか。さらに政権争奪などの権力闘争の軌跡をたどると、沖縄問題が「政争の具」となっているのでは、と思える場面も少なくなかった。その点も踏まえ、「内閣総理大臣の沖縄問題」という視点から政権の軌跡を追い、沖縄問題を通して日本の政治の虚実を解析してみたいと思った。

とはいえ、沖縄問題の底流には、古くは徳川幕府や薩摩藩との関係が歴史に記されている琉球王国時代、明治政府による「琉球処分」後の沖縄県誕生から始まり、第二次世界大戦での沖縄戦に至る戦前期、戦後の返還前のアメリカ統治時代、そして本土復帰後の新生・沖縄県と、長い苦難の歴史の積み重ねがある。

復帰後の沖縄県は、もちろん四十七都道府県の一つとして地方自治を担い、県内の各市町村も基礎自治体としての役割を果たしてきた。加えて、戦後、日米同盟体制を維持する日本の中で、アメリカ統治時代以来、変わらず「基地の島」という役割を背負い続けている。沖縄は、日本の内政としての地方自治と同時に、日々の具体的な政治課題として同盟体制下の日米関係という現実が重くのしかかる。

沖縄に関する著書の刊行は著作生活三十六年で初めてだが、沖縄の歴史と現実にどれだけの理解と洞察を持ち合わせているのか、と自問自答すると、正直なところ、自分でも不安と反省が消えない。取材・執筆の疎漏や不行き届きの点はご容赦いただきたい。

本書は平凡社新書編集長の金澤智之さんとの雑談から刊行の話がスタートした。

記事は前記の『サンデー毎日』の二回の記事と、月刊『ニューリーダー』二〇一六年十月号～一八年九月号に計二十三回にわたって連載した「沖縄問題政争史――戦後歴代政権はどう向かい合ったか」、同一八年十月号掲載の「沖縄問題政争史〈追補〉」などの拙稿が基になっている。上述の「内閣総理大臣の沖縄問題」という企画を、『ニューリーダー』発行人の足立亘さんと編集長の清水恵彦さんに提案したところ、即座に賛同していただき、連載記事執筆の機会を用意してくださった。

執筆に際して、先述の屋良元知事、岸本元市長、稲嶺元知事、菅官房長官のほか、梶山静六元官房長官、小渕恵三内閣の鈴木宗男元官房副長官、北沢俊美元防衛相、佐藤栄作元首相の長男の佐藤龍太郎さん、橋本龍太郎元首相夫人の橋本久美子さんなど、多くの関係者の方々に取材でご協力を賜った。ご多忙の中、お時間を割いてインタビューにおつきあいくださり、貴重な証言を頂戴した。本書刊行は皆様方のご支援とご助力のお陰である。改めて深く感謝の意を表します。

本づくりは今回も金澤さんがお引き受けくださった。前記の第一作以来、三十六年間で著書は共著二作を含め六十六冊目だが、そのうち、平凡社新書は『安倍晋三の力量』『昭和30年代』『民主党の研究』『新版 民主党の研究』『まるわかり政治語事典』『権力の握り方』と合わせて計七冊となった。すべて金澤さんの担当ででき上がった。いつもながら、ご尽力と行き届いたサポートを賜り、心強いパートナーである。ありがとうございます。

なお、漢字の表記は一部を除いて新字に統一し、氏名については、勝手ながら敬称を略させていただきました。

塩田潮

二〇一九年一月

主な参考資料（五十音順）

浅野一郎・杉原泰雄監修『憲法答弁集［1947～1999］』信山社、二〇〇三年
朝日新聞「『沖縄族』健在」二〇〇二年五月十七日付朝刊
朝日新聞「普天間なぜ混迷　三つの視点」二〇一六年四月十二日付朝刊
朝日新聞「天声人語」二〇一七年四月十七日付朝刊
朝日新聞社『沖縄報告サミット前後』朝日文庫、二〇〇〇年
朝日新聞政権取材センター編著『民主党政権100日の真相』朝日新聞出版、二〇一〇年
安倍晋三『新しい国へ　美しい国へ　完全版』文春新書、二〇一三年
飯島勲『小泉官邸秘録』日本経済新聞社、二〇〇六年
五百旗頭真・伊藤元重・薬師寺克行編『岡本行夫　現場主義を貫いた外交官　90年代の証言』朝日新聞出版、二〇〇八年
五百旗頭真・伊藤元重・薬師寺克行編著『野中広務　権力の興亡　90年代の証言』朝日新聞社、二〇〇八年
五百旗頭真・宮城大蔵編『橋本龍太郎外交回顧録』岩波書店、二〇一三年
稲嶺惠一『稲嶺惠一回顧録　我以外皆我が師』琉球新報社、二〇一一年
魚住昭『野中広務　差別と権力』講談社、二〇〇四年

江田憲司「今週の直言　執念の合意、移設先で迷走…『普天間返還、沖縄の強い希望だ』（96年2月）橋本首相」『江田けんじホームページ』二〇一五年六月二十九日公開
江田憲司・西野智彦『改革政権が壊れるとき』日経BP社、二〇〇二年
衛藤瀋吉『日本宰相列伝22　佐藤栄作』時事通信社、一九八七年
大下英治『内閣官房長官秘録』イースト新書、二〇一四年
大田昌秀『沖縄の決断』朝日新聞社、二〇〇〇年
大田昌秀『沖縄の帝王　高等弁務官』朝日文庫、一九九六年
大田昌秀『こんな沖縄に誰がした　普天間移設問題――最善・最短の解決策』同時代社、二〇一〇年
大平正芳回想録刊行会編『大平正芳回想録――伝記編』大平正芳回想録刊行会、一九八二年
岡本行夫「ねじれ方程式『普天間返還』をすべて解く」『文藝春秋』二〇一〇年五月号
沖縄タイムス「『誇り』継ぎ前へ・知事選玉城氏大勝1」二〇一八年十月二日付
翁長雄志『戦う民意』KADOKAWA、二〇一五年
梶山静六「日米安保と沖縄」『梶山弘志ホームページ』収録の『梶山静六論文集』一九九七年執筆（未発表）
我部政明『沖縄返還とは何だったのか　日米戦後交渉史の中で』NHKブックス、二〇〇〇年
岸信介『岸信介回顧録　保守合同と安保改定』廣済堂出版、一九八三年
北沢俊美「塩田潮のキーマンに聞く　集団的自衛権を行使すべきものは、今はない」『プレジデント・オンライン』（ウェブサイト）二〇一五年十月一日公開
記念誌「愛郷無限」編集委員会企画・制作『愛郷無限　衆議院議員　梶山静六　在職二十五年表彰記念誌』記念誌「愛郷無限」編集委員会、一九九八年

楠田實『首席秘書官 佐藤総理との10年間』文藝春秋、一九七五年
楠田實編著『佐藤政権・２７９７日〈上〉〈下〉』行政問題研究所出版局、一九八三年
小池百合子『女子の本懐』文春新書、二〇〇七年
櫻澤誠『沖縄現代史 米国統治、本土復帰から「オール沖縄」まで』中公新書、二〇一五年
佐藤栄作『佐藤榮作日記 第三巻』朝日新聞社、一九九八年
佐藤寛子『佐藤寛子の「宰相夫人秘録」』朝日新聞社、一九七四年
参議院「第六十一国会・参議院予算委員会第九号会議録」一九六九年三月十日
下地幹郎「塩田潮のキーマンに聞く 辺野古新基地建設『一時中断』でどんな結論が出るか」『プレジデント・オンライン』（ウェブサイト）二〇一五年九月三日公開
衆議院「第一国会・衆議院本会議第九号会議録」一九四七年七月二日
衆議院「第十二国会・衆議院平和条約及び日米安全保障条約特別委員会第三号会議録」一九五一年十月十八日
衆議院「第五十七国会・衆議院予算委員会第二号会議録」一九六七年十二月十一日
衆議院「第百八十三国会・衆議院本会議第二号会議録」二〇一三年一月三十日
菅義偉「塩田潮のキーマンに聞く 菅官房長官『消費税10%引き上げの再延期は考えていない』」『プレジデント・オンライン』（ウェブサイト）二〇一五年十一月九日公開
鈴木棟一『永田町の暗闘 小泉は日本を変えられるか』ダイヤモンド社、二〇〇一年
「政治家橋本龍太郎」編集委員会編著『61人が書き残す政治家橋本龍太郎』文藝春秋企画出版部、二〇一二年

千田恒『佐藤内閣回想』中公新書、一九八七年
外岡秀俊・本田優・三浦俊章著『日米同盟半世紀――安保と密約』朝日新聞社、二〇〇一年
高良倉吉編著『沖縄問題――リアリズムの視点から』中公新書、二〇一七年
田﨑史郎『梶山静六　死に顔に笑みをたたえて』講談社、二〇〇四年
田中角榮記念館発行『私の中の田中角榮』田中角榮記念館、一九九八年
中馬清福『密約外交』文春新書、二〇〇二年
照屋寛徳「普天間基地移設『沿岸案』修正合意に関する質問主意書」衆議院、二〇〇六年四月十二日提出
内閣総理大臣官房編『佐藤内閣総理大臣演説集』内閣総理大臣官房、一九七〇年
直嶋正行『次の、日本。――次代の成長戦略へ。流れは、変わる。』時事通信出版局、二〇一二年
仲井眞弘多「翁長知事はハーメルンの笛吹き男だ」『文藝春秋』二〇一八年四月号
仲井眞弘多「仲井眞沖縄前知事『そこまで言うか!』『沖縄独立論なんて笑い話。なのに大まじめに言う人が…』」『産経ニュース』（ウェブサイト）二〇一五年十月二十三日公開
仲地博・水島朝穂編著『オキナワと憲法　問い続けるもの』法律文化社、一九九八年
中見利男『首相補佐官　国家プロジェクトに賭けた男たち』NHK出版、二〇〇三年
名護市国際情報通信・金融特区創設推進プロジェクトチーム大和証券グループ金融特区調査チーム編著『金融特区と沖縄振興新法』商事法務、二〇〇二年
西山太吉『沖縄密約――「情報犯罪」と日米同盟』岩波新書、二〇〇七年
日本経済新聞（宮本昭彦執筆）「普天間基地、5年内返還日米政府が基本合意」一九九六年四月十二日付朝刊

日本経済新聞「日曜に考える　沖縄返還の功罪　戦後70年日本のかたち6」二〇一五年八月九日付朝刊
日本経済新聞「日曜に考える　普天間解けぬ対立　永田町インサイド」二〇一五年九月六日付朝刊
日本経済新聞「辺野古移設、仲井眞前沖縄知事に聞く真相深層」二〇一五年十月三十一日付朝刊
日本経済新聞「ニュースぷらす　普天間移設見えない出口」二〇一七年九月十五日付夕刊
日本経済新聞「沖縄知事、辺野古移設の是非問う」二〇一八年十一月十四日付朝刊
日本再建イニシアティブ『民主党政権 失敗の検証』中公新書、二〇一三年
額賀福志郎「普天間返還合意20年『辺野古移設と北部振興は車の両輪』〝V字滑走路〟ひらめいた」『産経ニュース』（ウェブサイト）二〇一六年四月十二日公開
野坂浩賢『政権――変革の道』すずさわ書店、一九九六年
野中広務『老兵は死なず　野中広務全回顧録』文藝春秋、二〇〇三年
橋本久美子『夫橋本龍太郎――もう一度「龍」と呼ばせて』産経新聞出版、二〇〇七年
鳩山友紀夫『脱大日本主義「成熟の時代」の国のかたち』平凡社新書、二〇一七年
春名幹男『仮面の日米同盟　米外交機密文書が明かす真実』文春新書、二〇一五年
平野貞夫『虚像に囚われた政治家　小沢一郎の真実』共同通信社、二〇〇六年
福永文夫『日本占領史　1945‐1952』中公新書、二〇一四年
船橋洋一『同盟漂流』岩波書店、一九九七年
ヘンリー・A・キッシンジャー　桃井眞監修『キッシンジャー秘録　第四巻　モスクワへの道』小学館、一九八〇年
保科善四郎・大和田啓気・三文字正平『語りつぐ昭和史3』朝日文庫、一九九〇年

細谷千博・石井修・有賀貞・佐々木卓也編『日米関係資料集　1945-97』東京大学出版会、一九九九年
保利茂『戦後政治の覚書』毎日新聞社、一九七五年
御厨貴・中村隆英編『聞き書　宮澤喜一回顧録』岩波書店、二〇〇五年
御厨貴・牧原出編『聞き書　野中広務回顧録』岩波書店、二〇一二年
宮城大蔵・渡辺豪『普天間・辺野古　歪められた二〇年』集英社新書、二〇一六年
宮澤喜一『戦後政治の証言』読売新聞社、一九九一年
宮澤喜一『東京-ワシントンの密談　シリーズ戦後史の証言――占領と講和①』中公文庫、一九九九年
村山富市『村山富市が語る天命の五六一日』ベストセラーズ、一九九六年
村山富市談・インタビュー辻元清美『そうじゃのう……』第三書館、一九九八年
惠隆之介「沖縄県民も知らない『普天間基地』銃口と金の裏面史」『週刊新潮』二〇一六年一月二十一日
森本敏『普天間の謎　基地返還問題迷走15年の総て』海竜社、二〇一〇年
守屋武昌『「普天間」交渉秘録』新潮文庫、二〇一二年
薬師寺克行『証言 民主党政権』講談社、二〇一二年
山岡淳一郎「ひと烈風録 呉屋守將」『週刊東洋経済』二〇一五年九月二十六日号
屋良朝苗『屋良朝苗回顧録』朝日新聞社、一九七七年
吉田茂『回想十年　第三巻』新潮社、一九五七年
読売新聞「特措法改正　自民・新進合意を検証」一九九七年四月五日付朝刊
読売新聞「『普天間』移設先、キャンプ・シュワブで調整工期を大幅に短縮」一九九九年九月十四日付朝刊

読売新聞政治部『外交を喧嘩にした男　小泉外交二〇〇〇日の真実』新潮社、二〇〇六年
読売新聞政治部『民主党　迷走と裏切りの300日』新潮社、二〇一〇年
読売新聞「民主イズム」取材版『背信政権』中央公論新社、二〇一一年
リチャード・ニクソン　松尾文夫・斎田一路訳『ニクソン回顧録　第一部　栄光の日々』小学館、一九七八年
琉球新報「日米廻り舞台」取材版『普天間移設日米の深層』青灯社、二〇一四年
琉球新報「翁長氏、県民の胸に玉城デニー氏インタビュー詳報」二〇一八年十月二日付
琉球新報社編『一条の光　屋良朝苗日記・下』琉球新報社、二〇一七年
ロバート・D・エルドリッヂ『沖縄問題の起源』名古屋大学出版会、二〇〇三年
若泉敬『他策ナカリシヲ信ゼムト欲ス』文藝春秋、一九九四年
渡辺豪『「アメとムチ」の構図　普天間移設の内幕』沖縄タイムス社、二〇〇八年

【著者】
塩田潮（しおた うしお）
1946年高知県吾川郡いの町生まれ。慶應義塾大学法学部政治学科卒業。雑誌編集者、記者などを経てノンフィクション作家に。『霞が関が震えた日』（講談社文庫）で第5回講談社ノンフィクション賞を受賞。著書に『日本国憲法をつくった男 宰相幣原喜重郎』『田中角栄失脚』『東京は燃えたか』（以上、朝日文庫）、『憲法政戦』『辞める首相 辞めない首相』『内閣総理大臣の日本経済』（以上、日本経済新聞出版社）、『密談の戦後史』（角川選書）、『まるわかり政治語事典』『権力の握り方』（以上、平凡社新書）など多数。

平凡社新書898
内閣総理大臣の沖縄問題
発行日――2019年1月15日　初版第1刷

著者――塩田潮
発行者――下中美都
発行所――株式会社平凡社
東京都千代田区神田神保町3-29　〒101-0051
電話　東京（03）3230-6580［編集］
東京（03）3230-6573［営業］
振替　00180-0-29639
印刷・製本―図書印刷株式会社
装幀――菊地信義

ISBN978-4-582-85898-3
NDC分類番号312.199　新書判（17.2cm）　総ページ312
平凡社ホームページ　http://www.heibonsha.co.jp/

平凡社新書　好評既刊！

590 まるわかり政治語事典　目からうろこの精選600語　塩田潮
政界特有の用語、俗語、隠語、流行語、政治家の語録等を通して政治を読み解く。

629 会社員 負けない生き方　困難をチャンスに変えた男たち　野口均
合併、転職、海外転勤……。会社員なら誰でも直面するリスクをいかに乗り越えるか。

639 緒方竹虎とCIA　アメリカ公文書が語る保守政治家の実像　吉田則昭
彼はアメリカのエージェントだったのか？　今開封される戦後史の深層。

657 領土問題をどう解決するか　対立から対話へ　和田春樹
なぜ対立をするのか？　歴史の見直しと論点の整理から、平和解決の道を探る。

679 憲法九条の軍事戦略　松竹伸幸
対米従属派の没論理を批判し、九条と防衛の両立をめざすプラグマティックな論考！

681 国家が個人資産を奪う日　清水洋
長期化するデフレ脱却策も含め、階層別に「その日」に備えた資産防御法を説く。

696 集団的自衛権の深層　松竹伸幸
なぜ、行使容認を急ぐのか⁉　過去の事例を精査しながら、虚構の論理をあばく。

697 反逆する華族　「消えた昭和史」を掘り起こす　浅見雅男
特権身分の規範に反し、権力から弾圧された若者たちの苦悩と葛藤を描く。